電影〈魯迅傳〉籌拍親歷記

行雲流水記往二記（下）

沈鵬年／著

目　次

電影〈魯迅傳〉籌拍親歷記

第六章　天馬廠《魯迅傳》攝製計畫
——1962年開拍

1961年11月，天馬廠收到陳白塵寄來《魯迅傳》（第五次修改稿）即定稿，立刻鉛印後送文化部，上海市委、電影局審閱。原件如下：

一、陳荒煤代表文化部同意《魯迅傳》定稿

陳荒煤應上海市委宣傳部、上海電影局之邀,代表文化部來滬,在1962年1月20日錦江飯店518室談了《對〈魯迅傳〉第五稿的意見》,原件如下:

陳荒煤代表文化部對《魯迅傳》第五稿(定稿)意見原文如下:

陳荒煤同志對《魯迅傳》第五稿意見

1962年1月20日在錦江518室

昨天又將五稿看了一遍,存在的幾個問題,應該說是老問題……

默涵同志說的「事件太多」。我體會這「多」是指：與魯迅無關的、交代時代的東西太多了；同時又沒有選擇好每個時期中最能代表和突出魯迅的東西予以精煉地容納和吸收。因此現在的篇幅就顯得過長了，將超過15本，可以拍兩集——當然，像魯迅這樣的人物，拍三部也不為多，問題在於能深刻地通過藝術形象來反映他最動人的東西，而不是平鋪直敘的介紹他的生平。四間房（即四章）不能平分秋色，要以人物的中心事件為主，可能一章就小，二章稍長一些……。總之要大刪，刪的原則是堅決保留與人物思想發展直接有關、而刪去不必要的無關的枝節部份。現在的寫法有點像編年史，而不是藝術概括：有點像歷史，而不像史詩，史料甚多，詩意不夠。

　　表現手法上一定要注意電影特性，旁白可以減少，開頭介紹魯迅的一大段沒有必要。假使觀眾通過電影引起了進一步研究魯迅的興趣，那就請他去看王士菁的《魯迅傳》好了。有許多問題不必全靠電影解決。第12頁的旁誦，介紹魯迅抄古碑「麻醉自己的靈魂……」用了許多報紙和標題，這是純粹交代性的手法，又占篇幅又費事，觀眾又不易懂。而范愛農的戲最少，但完整，有感情，很動人。因此表現手法一定要注意電影特性。

　　這部片子，還要考慮出國的問題，而外國有些傳記片是拍得很好的：如《居里夫人》、《左拉傳》、《筆伐強權》、《巴士特傳》、《蕭邦傳》等等。因此，我們的《魯迅傳》決不能使人家看了感到失望，甚至說：「這是藝術記錄片，而不是藝術傳記片。」

寫時代應該有虛有實、有明有暗，這樣可以省出篇幅，充裕的刻劃人物。現在卻全用實寫了，如五四運動寫它從火燒趙家樓到車站南下送行，但寫魯迅則不足，結果很可能有錯覺；魯迅只是冷眼旁觀，冷言嘲諷……，那麼轟轟烈烈的運動在開展，他卻無所適從……。

某些史料雖然重要，但不合電影化的要求就不用。第三章開頭部份：胡適高升，李大釗搞工運，農民逃荒，魯迅教書……以及魯迅許多作品的篇名等等，既難處理好，觀眾又看不懂。

寫魯迅與正人君子的戰鬥，用現在這樣的對比方法好不好，值得考慮，一面魯迅是面帶病容、咳嗽服藥、勉力作文；一面陳源則西裝畢挺，僅僅擦擦眼睛，稍感煩燥而已，（特別在第24場中）相形之下，顯得魯迅的鬥爭是如此吃力，且有滑稽之感。

默涵同志還談到「語言問題」，這個意見提得很好。如果把魯迅在文章中反映的思想性很高又非常尖銳的文句，硬要改為他日常生活中的對話，就顯得不自然。我曾經見過他二次，談話非常樸實，並不出口成章，每句話都是對時代下結論似的。魯迅是偉大的，但卻寓偉大於平凡之中。如果銀幕上的形象，只是通過講一些警句式的話，並不能表現出他的偉大來。有許多後來講的話，也沒有必要提前。

其他一些問題：

（1）伏筆痕跡太露：如小孤孀、瘋子為《狂人日記》伏筆；阿有為《阿Q正傳》伏筆，形象可以出現，但痕跡太露不好。想在第一章內把魯迅作品中所有人物都集中表現，這是不合

適的。似乎魯迅之所以寫《狂人日記》和《阿Q正傳》僅僅由於一、二個印象的促使，反而把整個作品的社會意義縮小了。

（2）對作品的影響和評價，不一定也不是銀幕上所能解決的：如《阿Q正傳》出來後，寫有些人的猜測，這不合適。寫了魯迅為什麼要寫這部作品這就夠了，至於作品的影響如何？這就不是電影所要交代的了，也不必再去交代。

（3）其他人物中：王金發的問題還沒有全部解決，如范愛農摩頭、與章介眉同座等，均待改。段祺瑞和日本顧問下棋，有重起之感，似無此必要。錢玄同太高了。

（4）寫魯迅，既不能寫成是受苦受難的傳教士；也不要表現為「赤膊上陣」的戰士。現在這兩者都有一些，有些像傳教士和赤膊上陣的混合體。有幾場好一點，有幾場不如從前，如點名一場……。點名和辭職等是好戲，的確表現了魯迅的性格。

具體工作如何做？

希望導演寫一個報告：對劇本的進展和不足，已解決的問題和尚存的問題提出意見；文學本基本上告一段落，導演在分鏡頭前先搞一個分場提綱，使之更接近於電影化。分場提綱上可以吸收五稿發表以後的意見，徵得作者同意，為分鏡頭作準備。這樣有個交代，白塵同志也不致等待。這個意見待市委宣傳部批准後，抄報中宣部、文化部。修改提綱出來後，要白塵來或者你們去北京，到中宣部約了白塵當面再談。這不是一般作品，這件事急不得，欲速則不達，但一定要搞好。

二、楊仁聲代表市委宣傳部、電影局同意《魯迅傳》定稿

1962年1月20日，楊仁聲代表市委宣傳部、上海電影局談了《關於〈魯迅傳〉第五稿（即定稿）的談話》，原件如下：

楊仁聲《關於〈魯迅傳〉第五稿（即定稿）的談話》，原文如下：

楊仁聲同志關於《魯迅傳》第五稿的談話

1962年1月20日

魯迅這個人物在國際、國內都有巨大影響，現在的形勢十分有利，更有助於我們冷靜地考慮這個問題：把歷史真實和人物性格

更好、更有機地結合。作者已經盡了最大努力、煞費苦心，但現在看來這個問題還沒有全部解決，加進了一些人，丟掉了一些人，歷史上重大事件幾乎毫無遺漏，這就必然削弱了人物性格的描寫。但也有不少進展，比如第24、25、31等場，寫得頗有光彩。尤其是第31節：魯迅在中山大學演講這一段「……要把叫苦變成怒吼！……首先要有革命人，從噴泉裏出來的都是水，從血管裏出來的都是血……」以及送還「帽子」的動作，有思想性，也很形象，看了很過癮。是不是作者有這麼一個問題：即過多地局限在歷史事件的演變裏，為歷史事件的演變所左右了。雖然盡了努力，但沒有全部解決，是否自己也感到陷於矛盾中，因而不得不借助於旁白，想以此來解決矛盾。這個問題我們恐怕也起了些推波助瀾作用，如在草稿出來後曾邀了一些專家、歷史學家開會、部裏的同志也有準備地提了意見，要「求全」。這樣，對作者也起過一點促進作用。記得第二稿寫出後，白塵同志來信說：「你們要的，我都有了……。」現在清醒了也還不晚，再創造也有了正面和反面的經驗，這給鯉庭同志接過來提供了更多更好的條件，可以有所選擇，大膽取捨。四間房的確有所取捨，無論結構和面積都應該有大有小。

現在的工作分三步走：一是綱領；二是分場提綱；三是分鏡頭本。步驟上讓鯉庭同志先有一個考慮，有一個大概的取捨和設想，然後再有準備地吸收大家的意見。我同意荒煤同志的意見：先簡單寫個書面報告，更需要的是修改綱領，對各稿的看法和取捨，這是搞分場提綱的準備工作。資料工作可以先積累起來，集中一下，大家提了那些意見，供鯉庭同志參考。這部片子，去年香港報上就傳開了，東歐國家也在等，講的事情抹不掉，大家

在期待，我們一定要搞好。現在要考慮成熟一點：欲速則不達。現在看來時間似乎長一點，但整個講來還是快的，這有關中國的電影水平問題，要表現的又是這樣一個文化巨人。我們在具體辦法上的支持以外，還要給以時間上的支持。

三、天馬廠接受《魯迅傳》定稿向市委、中央的報告

　　1962年2月13日，天馬廠黨委書記丁一主持天馬廠接受《魯迅傳》定稿的審議。參加者：天馬廠廠長兼《魯迅傳》導演陳鯉庭、廠黨委副書記兼《魯迅傳》攝製組支部書記魯耕、副廠長兼《魯迅傳》副導演齊聞韶、副廠長兼《魯迅傳》製片主任楊師愈、副導演夏天、副導演衛禹平。沈鵬年作審議記錄，並奉命整理寫出《上海天馬電影製片廠致上海市電影局、中共上海市委宣傳部　並報中共中央宣傳部、中央文化部》的報告，表示接受定稿。並「請領導授權導演在前後五次稿本連同提綱的基礎上進行加工整理、先寫出《導演分場綱要》、在徵得創作組和執筆者同意、幫助，領導審核後再寫出《分鏡頭本》作為拍攝的主要依據。」
　　天馬廠接受《魯迅傳》定稿向市委、中央的報告原文如下：

上海市電影局　　　　　　轉
中共上海市委宣傳部　　並報
中共中央宣傳部、中央文化部：

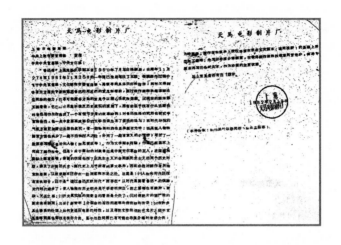

　　《魯迅傳》上集電影文學劇本自1960年7月寫出提綱後，在同年11月27日至1961年11月25日的一年間已先後寫出了五稿。每稿創作過程中，由於中央宣傳部、文化部和市委宣傳部、局領導的具體關懷和指示：同時又得到各有關方面的專家和熟悉魯迅的同志們的意見和幫助，經過創作組和執筆者陳白塵同志的努力，已盡可能將各方面的意見予以精心吸收和熔裁。從現在的劇本第五稿看來，它已經在儘量不違反歷史真實的原則下，將看來似乎沒有什麼戲劇性的魯迅寫作生活搭成了一個有情節矛盾的故事結構；對魯迅性格的刻劃也較前豐富和恰當，他一生中重要組成部份的文學活動也有了適當的描寫；在時代環境的氣氛方面更加接近生活和真實，有一些場面的戲也顯得頗有光采；在其他人物和語言方面也減少了一些不當和過火之處，補充了一些有意義的小情節，寫活了一些原來寫得不夠好的人物（如范愛農等）。作為文學劇本而論，作者已經基本上完成了創作任務。但是，由於題材的對象魯迅是中

國文化革命的巨人，在國內和國際上都有影響，描繪的空間包括了舊民主主義革命到新民主主義的兩個歷史時期，涉及了中國近代史、現代史上幾乎所有的重大事件，因此必然對創作有所拘束和局限，從而使劇本還存在一些問題和不足之處。這就是：

（一）人物和時代還沒有有機結合，還不是「透過魯迅反映時代」而存在「從時代裏面看魯迅」的痕跡，交代時代嫌多了，使人物陷在歷史事件裏不夠鮮明突出，因之篇幅也有臃腫、龐雜、冗長之感；

（二）歷史真實性的問題總的看來是解決了，但對傳記片的謹嚴性的要求尚有距離，比如《新青年》分裂會的寫法問題等均待商榷和改動。

（三）在許多具體場景的處理上如何更適應電影的特性，以及傳記文學和傳記藝術片之間不宜混淆等問題也都沒有很好解決。

鑒於這些問題已有可能在導演分場時考慮解決，為特建議：請作者和領導上授權導演在前後五次稿本（連同提綱）的基礎上進行加工整理：先寫出導演分場綱要，在徵得創作組和執筆者同意幫助，領導審核後再寫出分鏡頭本，作為拍攝的主要依據。

以上意見是否有當？請示。

1962年2月13日

——這就意味著《魯迅傳》上集文學劇本已正式定稿，再次進入攝製階段。而攝製的關鍵，是「導演（按照電影化）分

場」、「先寫出《導演分場綱要》」，「再寫出《分鏡頭本》，作為拍攝的主要依據。」——接著，天馬廠便制定並審議通過了《〈魯迅傳〉攝製計畫》。

四、市委、中央批覆同意、天馬廠審議通過《魯迅傳》攝製計畫

上海市委宣傳部將上影廠的報告送達市委書記石西民，石西民看了上影廠的報告後批示：

「同意上影廠的意見」，並指示：「劇本不宜再作根本性的變動。」

上海市電影局在1962年3月9日給中央文化部發出了《滬影（62）丁藝字007-2號報告》，報告中轉達了「市委石西民書記批示」的內容，並明確表示：

「我局同意上影廠的意見，……爭取在今年（即1962年）內進入拍攝。」

中央文化部接到上海市電影局的報告後，在1962年3月23日發出《文化部：文（62）電夏字第297號批文》，批文中寫道：「關於《魯迅傳》上集電影文學劇本創作告一段落，由導演……寫出分鏡頭本，作為拍攝的主要依據的意見，我部同意。」

在向市委宣傳部呈送報告前後，天馬廠黨政領導要《魯迅傳》攝製組制訂《開拍工作計畫》。

在導演陳鯉庭、製片主任楊師愈、副導演齊聞韶、副導演夏天、副導演衛禹平等反覆研究後，制訂了《〈魯迅傳〉從文學本五稿至開拍工作計畫》，由於提交天馬廠黨、政領導審議，故《開拍計畫》寫了（草案）。原件如下：

《魯迅傳》組從文學本五稿至開拍工作計畫（草案）

1962年1月－12月

一、討論文學劇本五稿，醞釀及編寫分場綱目階段

1/1－4/30　四個月

徵集文化部、上海市委、局、廠對文學劇本五稿的意見

1/1－31　一個月

主持上海編劇組、攝製組對文學劇本五稿的討論

1/1－15　半個月

探索第一、二章問題兼收集有關資料　1/16－2/15　一個月

至杭州、紹興採訪並醞釀一、二章分場綱目

2/15－3/15　一個月

探索第三、四章問題，收集有關資料並醞釀三、四章分場綱目

3/16－4/15　一個月

寫出分場綱目　　　　　　　　　　　4/16－30　半個月

二、分場綱目交換意見階段　　　　　　　　五月份　一個月

與主要演員、主要創作人員就分場綱目交換意見

5/1－31　一個月

注：主要演員來滬集中一個時期

三、編寫分場綱要階段　　　　　　　　　　六月份　一個月

寫出分場綱要（相當於文學本詳細提綱）　6/1－30　一個月

注：美工師、攝影師於六月下半月下組

四、分場綱要送審、各部門醞釀創作設想階段　七月份　一個月

　　徵集文化部、上海市委、局、廠對分場綱要的意見

　　　　　　　　　　　　　　　　　　　7/1－31　一個月

　　徵集創作組、攝製組對分場綱要的意見　7/1－31　一個月

　　導演組與各部門醞釀創作設想（包括背景場面、攝美造型、

　　音樂音響）　　　　　　　　　　　7/1－31　一個月

五、編寫分場（鏡頭）本、複看外景階段　8/1－9/15　一個半月

　　導演組綜合分場綱要意見和創作設想寫出分場（鏡頭）本

　　（鏡頭不具體寫明）　　　　　　　8/1－9/15　一個半月

　　複看外景：紹興　七天　　廣州　半個月

　　　　　　　北京　半個月　旅途運轉　七天

　　　　　　　　　　　　　　　　　　8/1－9/15　一個半月

　　製作群眾場面用服裝及頭套等　　　8/1－9/15　一個半月

六、分場（鏡頭）本送審、各部門設計階段

　　　　　　　　　　　　　　　　　　9/16－10/15　一個月

　　分場（鏡頭）本印刷送審　　　　　9/16－10/15　一個月

　　各部門進行創作設計（包括佈景圖樣、服裝造型、背景場面、

　　音樂計畫等）　　　　　　　　　　9/16－10/15　一個月

　　繼續物色演員並確定角色　　　　　9/16－10/15　一個月

　　陸續集中主、次演員　　　　　　　9/16－10/15　一個月

　　導演組與演員談角色　　　　　　　9/16－10/15　一個月

　　完成群眾用服裝及頭套工作　　　　9/16－10/15　一個月

七、肯定設計、分鏡頭到排練試拍階段　　　10/16－12/4　50天

　　肯定各部門設計（包括佈景圖樣、服裝造型、背景場面、攝影、音響計畫）　　　　　　　　　　　　　　　10天

　　編寫分鏡頭劇本　　　　　　　　　　　　　　20天

　　試妝、定妝、製作服裝　　　　　　　　　　同時進行

　　攝影、錄音技術試驗　　　　　　　　　　　同時進行

　　分鏡頭劇本印刷送審、收集意見　　　　在排練同時進行

　　排練（在分鏡頭中途開始）

　　配合檢查化、服、道準備工作　　　　　前後共30天

　　試拍配合檢查攝、錄、美準備工作　　　實占日程20天

　　（在排練過程中開始）

八、開拍前準備工作階段　　　　　　　　　　12/5－20　15天

　　各部門討論分鏡頭劇本意圖並研究技術要求　12/5－20　15天

　　搭置一、二堂佈景　　　　　　　　　　　　同時進行

　　編制攝製日程及預算並交各部門討論貫徹措施　　同時進行

九、拍攝階段　　　　　　　　　　　　　　　　　12/21起

　　（1962年2月18日天馬廠黨委、廠長聯席會議審議通過並存檔。會議參加者：黨委書記丁一、副書記魯耕；黨委委員葛鑫、廠長陳鯉庭、副廠長齊聞韶和楊師愈。列席：副導演衛禹平和夏天。會議記錄：沈鵬年。）

——《開拍工作計畫》經天馬廠黨、政領導集體審議通過後，《魯迅傳》攝製組便作為正式的工作綱領，開展籌備工作，為爭取1962年12月正式開拍而努力。

第七章　陳鯉庭的《魯迅傳》攝製計畫及流產

　　天馬廠在關於攝製《魯迅傳》給上海市委宣傳部和中央的報告中提出：

> 「導演在前後五次稿本的基礎上進行加工整理；先寫出《導演分場綱要》，……再寫出《分鏡頭本》，作為拍攝的主要依據。」

　　《〈魯迅傳〉組從文學本五稿至開拍工作計畫》中，也是按照這個規定訂出編寫《分場綱要》和《分鏡頭本》的具體日期的。這就是：

　　1962年4月16日至30日，寫出《分場綱目》；
　　1962年6月1日至30日，寫出《分場綱要》（相當於文學本詳細提綱）；
　　1962年8月1日至9月15日，編寫《分場鏡頭》；

1962年10月1日至20日，編寫《分鏡頭劇本》（預計20天）；

1962年12月起《魯迅傳》開拍。

——但在實際工作中導演陳鯉庭並沒有按照計畫執行。

一、《分鏡頭劇本》是「拍攝的依據」、《計畫》的核心

影片拍攝的主要依據，是導演寫出《分場綱要》和《分鏡頭劇本》。這是導演的基本職責，也是《攝製計畫》的核心。

試以上影廠的謝晉導演為例，他是中國電影史上有著非凡成就的大導演。他導演《最後的貴族》是一部背景跨越亞、歐、美三大洲：中國上海、美國紐約、義大利威尼斯三大名城；攝製極大高難度的影片。但他親自動手寫出了《改編提綱》、參與了《文學劇本》、獨自編寫《分鏡頭劇本》（攝成後稱《完成臺本》），因此在拍攝實踐中得心應手、揮灑自如，在規定期限攝成了藝術上有新的突破的好影片。

現在將謝晉導演的《改編提綱》、《文學劇本》和《分鏡頭劇本》（即《完成臺本》）舉例如下，使三者之間的區別和聯繫一目了然。

其一、根據白先勇小說《謫仙記》改編的《電影劇本改編提綱》如下：

其二、由著名編劇白樺、孫正國改編的《電影文學劇本》如下：

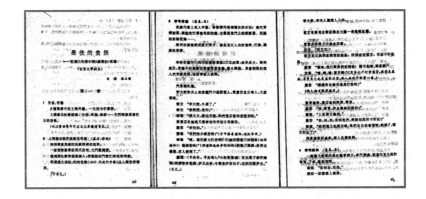

其三、由導演謝晉編寫的《分鏡頭本》、即《完成臺本》
如下：

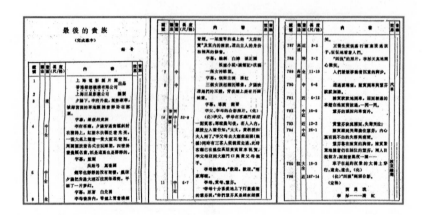

——陳鯉庭沒有按照《電影規範》工作，也沒有遵守《工作
計畫》辦事。他自始至終參與《魯迅傳》創作的全過程，臨到要
他「執導」時，他連《分鏡頭劇本》一字未寫，電影鏡頭一個未
拍⋯⋯。

那麼，在《魯迅傳》的《開拍工作計畫》制訂並通過以後，
他在做什麼？他自己另有一套做法，派了副導演衛禹平和夏天，
製片湯麗絢和場記劉恩玉等去從事資料收集工作。當然，我當時
作為他的「私人秘書」，這些工作我都直接參與的。

二、陳鯉庭的計畫之一：紹興、杭州再度收集資料
——衛禹平和沈鵬年奉命去紹興、杭州採訪

1962年2月26日至3月13日，陳鯉庭派副導演衛禹平和沈鵬年赴紹興、杭州再度進行採訪、收集他指定要的材料。

我和衛禹平的杭、紹之行半個月，訪問十一人。重點訪問了魯迅在教育部的老同事、時任浙江省政協副主席、浙江圖書館館長張宗祥老先生；魯迅的學生、杭州市文化局長許欽文；魯迅在紹興辦《越鐸》、《民興日報》的同事馬可興老先生；章介眉的如夫人等。當時的訪談日程及原始記錄的原件如下：

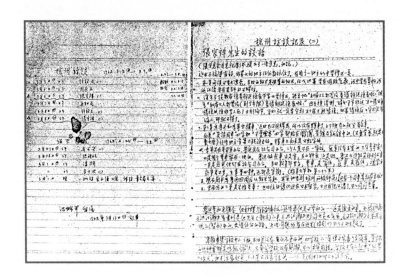

張宗祥先生說第五稿「這本子搞得很好，大的地方都抓住了。」小的失誤提出四點：

　　①按清制寡婦要守節滿五十歲才能「請旌」──十八歲小寡婦除非當場「殉節」，是不能「奏請朝廷旌表的」；

　　②魯迅在北京教育部上下班是坐黃包車、即人力車。當時城裏已不用騾車了。「莫談國事」只貼在戲園、酒樓，從不貼在騾車上的，小小騾車棚是無處可貼的；

　　③許壽裳任參事，比魯迅的僉事高一檔。兩人不在一室辦公的；

　　④魯迅從日本歸國，先在杭州兩級師範任教。

　　陳鯉庭要我們瞭解辛亥革命前後紹興、杭州的情況，我們找了馬可興、許欽文兩位老先生談了幾次，記錄整理後交給了導演。原件如下：

陳鯉庭要我瞭解魯迅在五四運動前後以及教育部的情況，我們又揪住張宗祥、許欽文兩位老先生，請他們以當事人身份回憶當年的實況。原記錄如下：

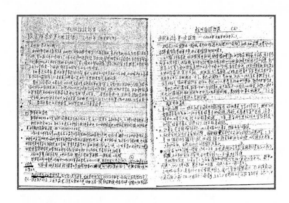

　　陳鯉庭要我們瞭解魯迅的結髮夫人朱安的情況，我們找到了魯迅的堂叔周冠五老先生，比較詳細的介紹了魯迅與朱安結婚的實況。原記錄如下：

周冠五老先生談《關於魯迅的結婚》是當事人所談的現場實況。現在關於朱安女士的專著出版了好幾冊，但對當時結婚的情況大都語焉不詳。這段史實當年忌諱從未發表，現為保存歷史的真實，特轉錄如下：

周冠五談魯迅與朱安結婚實況

——1962年3月6日上午談話，經本人審閱

關於魯迅的結婚：原來水平門朱家的一女嫁到周家，是我伯母輩，她經常回娘家，有時帶一個侄女之類的姑娘來玩，名叫安姑娘。魯迅母親見了很歡喜，想要她作媳婦，就挽了伯母為媒去說合了。但魯迅在日本知道後，很反對，來信提出要朱家姑娘另外嫁人。母親因求親求來，不能退聘，否則悔婚於周家朱家名譽都不好，朱家姑娘便沒人要娶了。魯迅的母親知道我和魯迅有通信，就叫我寫信勸他。我寫信後得到魯迅回信，他說：要娶朱安姑娘也行，有二個條件：一要放足，二要進學堂讀書。安姑娘思想很古板，回答小腳已放不大了，婦女讀書不大好，進學堂更不願意。後來把這情況又告訴魯迅，結果魯迅回信很鬆脆，一口答應了，說幾時結婚幾時到。於是定局結婚。定了日子，魯迅果然從日本回國。母親很詫異，又是高興、又是懷疑。就叫我和鳴山兩人當扶郎（即男儐相），他穿套袍褂，行禮如儀，跪拜非常聽話。

我們通過當地派出所查戶口登記，終於找到了章介眉的老家，獲悉章介眉的如夫人（即小妾），時年八十七歲，非常清

健，一口京片子，說話刮辣鬆脆。她回憶了章介眉當京官，和她同在北京的一些生活情況。其時在1962年3月1日。記錄從略。

三、陳鯉庭的計畫之二：徐家匯藏書樓抄錄各種資料
——夏天、湯麗絢、劉恩玉從舊報找資料

與此同時，陳鯉庭派副導演夏天、導演助手兼製片員湯麗絢、場記劉恩玉、去上海徐家匯藏書樓，找尋辛亥革命前後紹興出版的舊報紙，翻閱摘抄他指定要的資料，每項資料一式複寫二份，一份交他使用，一份由我保管。

①導演助手兼製片湯麗絢奉命尋找資料

△辛亥後失意知識份子的言論（原件）

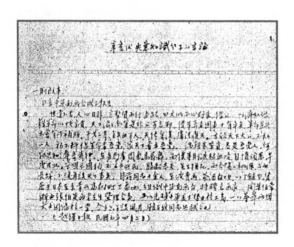

湯麗絢手抄原文如下：

辛亥後失意知識份子的言論

一則啟事

日京中華南畫會成立報告

世運不古，人心日非，言聖賢而行盜跖，曰文明而心野蠻，借公，以濟私欲，藉革命以快富貴，天下滔滔尚有是非之可言耶，僕等奔走國事十有年矣，革命軍興亦嘗有所補助。干戈三月，鐵血萬人，天佑皇漢，虜清復滅。方欣天下大公，不私一人，初不料倡革命者吾黨，家天下者亦吾黨。滿朝朱紫貴，儘是吾黨人。何物共和，辱吾黃種。在當局者固氣高眉舞，而僕等則淚枯血冷，自憤頑愚，早度及此。寧為亡國狗，不為中興民，腸斷志滅，雖生猶死。而今隱入桃源，與世長辭，不復再談天下事矣。目前同志十餘人，東渡賣畫，茶酒自歡，以了餘生。賃居於日本東京青山高樹町三番地，組織中華南畫會，特聘名畫家 閩葉伯常浙西張伯英兩老先生暨理會務，一以光輝中華美術勢力於三島，一以薈萃兩國文士因緣於一堂。今夕只可談風月，願與我同志共賦之也。

（越鐸日報　民國元年四月二日）

△社會風貌及談論資料（原件如下）

　　湯手抄了當時《社會風貌》關於《企圖借洋人勢力矇騙官府》、《關於髮辮》、《提學司取締學生風潮之告示》；當時《談論資料》關於《非劇家嘯天生之謹白》、《民團局緊要佈告》、《耐饑——大幅廣告》。內容從略。

△語彙（原件如下）

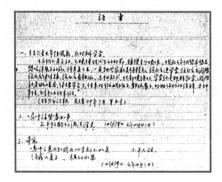

湯手抄了《紹興老太爺阻風氣、反對辦學堂》、《嗚呼諸暨秦知事》及《奇冤》。均抄自《紹興白話報》、《越鐸日報》，內容從略。

②《魯迅傳》場記劉恩玉奉命尋找材料

△社會風貌（原件如下）

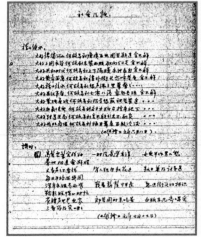

　　從《越鐸日報》、《民興日報》上抄錄了《嵇山鏡水》、《譏時》、《校長怪像》、《劣官欺商民》、《日本商品傾銷⋯⋯》。其中打油詩如：

　　「高髻雲鬟官樣妝，一時風氣學東洋。
　　女兒半作男兒態，驀地相逢會斷腸。」（餘從略）

△觀點

　　從《越鐸日報》上抄錄了《快哉王竹鄉之伏誅》、《警鐸報出世宣告》、《報上新聞之一：法政安在》、《報上新聞之二：徐烈士入祠通告》。內容從略。

　　——副導演夏天在徐家匯藏書樓看了二天舊報，一字也未抄錄。他發牢騷說：「鯉庭叫我們來撿垃圾、吸灰塵。我沒有這種好胃口，明天我回海燕廠，不來吸灰塵了。等他分場綱要寫出來，要討論時，再通知我，我準時到。這種垃圾，我不來撿了……。」

四、陳鯉庭的計畫之三：要沈鵬年搞幾份專題調查
——不是為「大刪」而是為豐富情節備用

陳鯉庭為了「探索第一、二章問題兼收集有關資料」，還專門要沈鵬年搞幾份專題調查。例如：

①魯迅在辛亥革命前後在紹興參與的文學社團（原件如下）

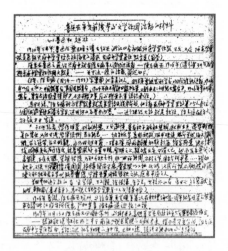

通過查閱報刊和訪問知情人，瞭解魯迅原在杭州兩級師範執教，1910年魯迅應蔡元培之請，去紹興山（陰）會（稽）師範任教。不久，又應紹興府中學堂校長杜海生之請，又去府中兼任教務長（監學）。在府中與越社發生了關係。後來又與秋社有了關係。

②調查紹興光復後的黨派、社團

　　原來《魯迅傳》上集第一章寫的反面人物何幾仲是社會黨的
幹事、自由黨負責人。魯迅的學生、《越鐸日報》的負責人宋紫
佩、王文浩與何幾仲同為社會黨幹事。

　　與魯迅一同辦《越鐸日報》的孫德卿，則是公民急進黨的支
部長。

③封建人物的幾種類型：舉人、秀才（原件如下）

陳鯉庭要求在魯迅家庭中找舉人、秀才等具體人物。找到了：

魯迅的堂伯父周椒生——光緒丙子科舉人。其人頗有代表性。情況如下：

魯迅族伯：舉人周椒生

「椒生公，光緒丙子科舉人，揀選知縣，曾任南京水師學堂漢文教官兼管輪堂監督，後升提調（等於教務主任），性頑固復又剛愎，迷信甚深，每晨跪誦《金剛經》、《太上感應篇》、《覺世經華》。練『八段錦』（為舊健身術的一種，有文八段、武八段之分，他所練的是武八段……）一套，為他每日的早課。

另外專雇一人孫朝生者，整天挑一付碩大無朋上書『敬惜字紙』的紙簍，沿街收撿字紙。買螺螄放生。入晚，先記『功過格』，次練『八段錦』，最後以兩手心力擦兩足心至熱而睡。經常勸人戒殺、戒鴉片。記得學堂有一位總辦吸鴉片，好像是方碩輔，他老實不客氣的勸他不要吸，引起這位頂頭上司的不滿。他在水師學堂任職，是憑他表內親施理卿（名燮，在兩江總督裏任洋務文案，很具權威）的奧援。一日，施理卿為生母和繼母慶祝九十壽辰演戲設宴，過事鋪張，他認為不合，面斥其非，邀他陪客，拂袖逕去。他種種地不合時宜，為眾所惡，終被排斥而歸。旋紹後，紹興府知府熊起磻聘他任紹興府學堂總辦，副辦正是先烈徐錫麟。他會看八字，自信極準確，徐先烈正值參加革命，請為查看八字，他對徐先烈說：『你的八字我仔細看過了，非常的好，有封王的希望。』徐先烈聞說，意謂革命可成，請他不要說玩笑，他又鄭重其事的說，不說玩語，真有封王希望，不過我也老實說一句，你可得謹慎小心，這個王恐怕是一字平肩王。徐先烈聞言勃然大怒說：『你怎麼說我要殺頭！』他也詞嚴色厲地說：『哼！不客氣，怕還是一定的。』兩人自此不睦。」（見《房族》P49頁）（其餘秀才從略）

④浙江光復後統治階級組織系統及官俸情況（原件如下）

　　當時浙江省的都督官俸每月大洋800元（合大米一百多石）。據說紹興都督王金發每月官俸二千元，在上海愛多亞路（今延安中路）擁有花園洋房兩幢。

⑤王金發周圍「三黃」其人的政治歷史（原件如下）

從1911年2月13日《越鐸日報》，找到王金發周圍黃柏卿、黃介卿、黃競白——所謂「三黃」的材料。黃柏卿山陰人，其父曾在甘肅當知縣。與王金發相熟，王金發請他當都督府經濟部長；黃介卿是柏卿堂侄，1907年在大通學堂當會計時與王金發相識；黃競白是柏卿之子，前清秀才，去日本遊學時與王金發結為兄弟。因為有這些歷史關係，王金發到紹興後便重用三人，人稱「三黃」，是王金發左右手。

⑥調查魯迅任職的中山大學全體教授名單（原件如下）

原來魯迅任中山大學文學院長時，文史科教授有馮友蘭、傅斯年、汪敬熙、許德珩、江紹原、俞大維（後在臺灣任國防部長）。而許壽裳在北京是女師大校長，在中山大學是講師。

——這些調查材料，僅從報刊及知情人瞭解所得，未必準確。對於電影《魯迅傳》其實是沒有什麼用處的。因為銀幕要出現藝術形象，電影觀眾對這些根本是不感興趣的。由於陳鯉庭出了題目，我們奉命作文、滿足他的要求。

五、關於人物分類：按藝術形象、還是劃分階級成份
——趙丹與陳鯉庭的爭論之一

當陳鯉庭拿出一份《〈魯迅傳〉劇中人物分類表》，與趙丹、夏天、衛禹平等研究：要落實劇中人物扮演者、特色演員時，趙丹與陳鯉庭之間展開了激烈的爭論。這份《分類表》原件如下：

這份《分類表》是怎樣來的？陳鯉庭要場記劉恩玉把《魯迅傳》上集的劇中人物有名有姓及無名姓而有特徵的（如「尖下巴教授」、「圓臉教授」、「胖教授」、「近視眼教授」、「平頂頭青年」、「教授甲、乙、丙」、「青年1、2、3」）都抄錄下來。陳鯉庭將這五十多人名單分類後交製片去打印。原文如下：

《魯迅傳》劇中人物分類表

一、軍閥、官僚、士紳：

章介眉	辛亥革命時代
黃競白	辛亥革命時代
錢達人	辛亥革命時代
何幾仲	辛亥革命時代
黃副官	辛亥革命時代
曹汝霖	五四時代
章宗祥	五四時代
陸宗輿	五四時代
劉百昭	五四到三一八時代
段祺瑞	五四到三一八時代
宋玉珍	五四到三一八時代
武九清	五四到三一八時代
戴季陶	二七年大革命時代

二、帝國主義分子：2人

　　杜　　威　　五四時代

　　日本顧問　　五四時代

三、知識份子：32人

　　1、資產階級知識份子（右派）7人

　　　　胡　適　　五四時代起

　　　　陳　源　　五四時代起

　　　　傅斯年　　五四時代起

　　　　朱家驊　　五四時代起

　　　　楊蔭榆　　五四到三一八時代

　　　　張民權　　大革命時代

　　　　尖下巴教員　　五四時代

　　2、小資產階級知識份子：22人

　　　　魯　迅

　　　　范愛農　　辛亥革命時代

　　　　郭肖鵬　　辛亥革命時代

　　　　張棣華　　五四時代

　　　　許廣平　　五卅到三一八時代

　　　　劉和珍　　五卅到三一八時代

　　　　楊德群　　五卅到三一八時代

　　　　涓　生　　五四時代

　　　　王樂天　　辛亥革命時代

韓長風　　辛亥革命時代

柔　石　　五卅到三一八時代

圓臉教授　　五四時代

胖教授　　五四時代

近視眼教授　　五四時代

平頂頭青年　　五四時代

教育部同事　　五四時代

創造社職員　　二七大革命時代

教授甲乙丙　　二七大革命時代

青年1、2、3　　五四時代

青年甲乙丙丁戊　　二七大革命時代

3、具有初步馬克思主義思想的知識份子：　3人

李大釗　　五四時代

陳延年　　二七大革命時代

畢　磊　　二七大革命時代

四、工人、農民：　1人

阿　董　　辛亥革命時代

五、其他：2人

魯　母　　辛亥革命時代

王金發　　辛亥革命時代

——根據我當時的筆記：趙丹拿到這份《分類表》，立刻向
陳鯉庭責問：「今天是研究人物的藝術形象？還是劃階級成份？」

陳鯉庭說：「阿丹不要胡攪，有話好好談……」

趙丹立刻從我的書桌上拿起《毛澤東選集》，高聲朗讀：

「《中國社會各階級的分析》，什麼人屬於小資產階級？如自耕農、手工業主、小知識階層——學生界、中小學教員、小司員、小事務員、小律師、小商人等都屬於這一類。這個小資產階級內的各階層雖然同處在小資產階級經濟地位，但有三個不同部分。第一部分是有餘錢剩米的；第二部分是在經濟上大體可以自給的；第三部分是生活下降的。請問導演，你把魯迅的成份定為『小資產階級』，他是小資產階級的哪一部分？魯迅算『有餘錢剩米的』、『經濟大體可以自給的』，還是『生活下降的』？」

陳鯉庭說：「阿丹不要激動，我們是研究人物、考慮物色演員，不是政治學習……」

趙丹站起來說：「我是演員，要我演魯迅，你給魯迅劃階級成份是『小資產階級』，按照導演規定『魯迅的階級成份、經濟地位是小資產階級』——魯迅在辛亥革命前後是紹興府中校長，到了北京是北京大學、女師大的大學教授，在中山大學是文學院長，他在孫中山當大總統的中華民國中央政府教育部當司局級的京官，每月官俸四百大洋——請問導演，硬劃魯迅的階級成份是小資產階級，叫我怎麼演？你說是研究人物，我正是為了研究魯迅這個人物，不得不向你提出抗議！我也是為魯迅被錯劃階級成份而抗議！你這個大導演，參加《魯迅傳》文學劇本創作有二年半的長時間，連魯迅是什麼樣的人物屬性也弄不清，叫我怎麼演……。」

夏天、衛禹平等勸趙丹坐下來好好談。趙丹說「我跟鯉庭『耗』了一年半，老是教條主義一套，在理論上轉圈子，我暈頭

轉向，連怎麼演戲也被搞糊塗了。奉勸大家，研究人物要從藝術形象、而不是劃分階級成份……。」

夏天說：鯉庭這份《人物分類表》很成問題，而且問題不少。同樣的魯迅學生，同樣是共產黨員，後來同樣成了烈士，卻劃分為兩種階級成份。

比如《分類表》的柔石，是魯迅北京大學的學生，是共產黨員，更是著名的「左聯五烈士」之一，魯迅寫了《為了忘卻的紀念》悼念他——鯉庭定他的階級成份「小資產階級知識份子」；

又如《分類表》的畢磊，是魯迅中山大學的學生，也是共產黨員，在4·15大屠殺犧牲——鯉庭定他的階級成份是「具有馬克思主義思想的知識份子」。劃定的階級成份比魯迅的「小資產階級知識份子」的成份高出一大截……

衛禹平說：人物分類確定角色去找演員，應該按藝術形象來分類，不要像「土改」貼階級成份「榜」那樣劃分。應該按主角、配角；正面人物、反面人物或對立面人物來分類。真實的人物和虛構的人物也要分別一下，把許廣平、劉和珍等著名的真人和張棣華之類虛構的人物混為一談也是不妥的。

陳鯉庭說這份《人物分類表》是劉恩玉搞的……。

趙丹說：打印前你沒有看過嗎？不經你批准能打印嗎？今天是你發給我們人手一份的。我們是討論問題，不是追究誰的責任。說到責任，你這個大導演太官僚主義了，……。——說畢離開討論會，說是回去讀《魯迅全集》……。會議不歡而散。

六、關於場景情節：以劇本為基礎，還是用資料來豐富？
——趙丹與陳鯉庭的爭論之二

林默涵同意第五稿為定稿，但認為劇本中事件太多，與魯迅無關的、交代時代的東西太多了，現在的篇幅過長了……。

陳荒煤認為堅決保留與魯迅思想發展直接有關的，而刪去不必要的枝節部份。總之要大刪……。

楊仁聲認為有了正面和反面的經驗，這給鯉庭同志接過來提供了更好的條件，可以有所選擇，大膽取捨。四間房（即四章）都要有所取捨，無論結構和面積都應該有大有小……。

天馬廠的定稿報告：「導演在前後五次稿本的基礎上進行加工整理……」

——不言而喻，為寫《分鏡頭本》而討論場景、情節，當然要以劇本為基礎。

但在討論時，陳鯉庭將徐家匯藏書樓摘抄的舊報資料、要我整理的幾份專題調查材料的複寫件，發給趙丹、夏天、衛禹平等參考，要他們提出豐富場景、情節的意見。（我當時記錄的原件如下）

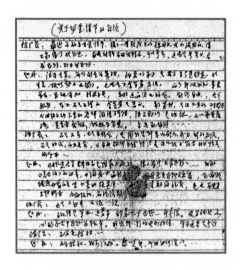

　　趙丹流覽了一下這些材料，感慨地說：「陳白塵和夏衍，可算是當今電影界資格最老、水平較高、編劇技巧最純熟的電影編劇了。這一年來，這些編劇大家被我們牽來牽去，什麼要增，什麼要加，在創作民主的口號下搞得他們筋疲力盡。儘管如此，他們寫出劇本的『含金量』還是蠻高的。現在導演丟開了這些含金量高的劇本，不加研究；而要我們鑽研舊報紙上抄下來的閒言碎語，說句不客氣的話，這是把黃金當廢銅、把垃圾當寶貝，這樣來研究場景、情節，是鑽進了死胡同⋯⋯。」

　　陳鯉庭說：我沒有丟棄劇本，是用新的資料來為劇本補充新的血液⋯⋯。

　　趙丹說：巴爾扎克有句名言「藝術作品是用最小的面積，驚人地集中了大量的思想。」我們《魯迅傳》的四間房，面積夠大了，用不著再用無關的資料硬塞進去了。在西頤賓館，鯉庭硬要

白塵寫「小寡婦抱靈位送葬」、「知府大人奏請朝廷旌表」來加強封建氣氛……結果是違反歷史真實，只好刪掉。這種反面教訓應該使我們清醒了。

陳鯉庭說：這是兩回事，不要混為一談……。

趙丹說：有句話不記得是羅丹、還是達芬奇說的：「形象大於思想」。使我印象很深。我們現在討論分鏡頭，應該以「形象大於思想」為標準，不要再用什麼資料來影響電影的特性了。不要捨本逐末走彎路了。……

陳鯉庭說：你不要老是和我抬槓……

趙丹說：我不是抬槓，我要演戲。你的那些資料，叫我如何演？

——劍拔弩張，各不相讓，討論會又一次不歡而散。

——趙丹與陳鯉庭的吵架在電影界是「出了名」的，老電影工作者幾乎人所共知。《上海采風》2010年第5期發表《歡喜冤家陳鯉庭和趙丹》中寫道：

「（解放前在國民黨辦的中電二廠拍攝《幸福狂想曲》）趙丹對某些細節的處理大概超出或者偏離了陳鯉庭的設計，發生了分歧。……先是各述其理，卻都無法說服對方，而且互不相讓，固執己見，然後就聲音越來越響，火氣越來越大，吵得不可開交。……火山爆發了，……陳鯉庭一語驚人：『下次再請你演我的戲就不是人！』趙丹則針鋒相對地回敬：『下次再演你的戲就不是人！』拍攝只好暫停，一直鬧到『中電二廠』廠方。（當時國民黨委派的電影官員）」（見該刊第28頁）

當時陳鯉庭是「中電二廠」居高臨下的編導部門負責人，趙丹只是一個普通的演員。事隔十五年後，雙方的地位有所變化了。所謂「江山好改，本性難移」。何況趙丹主演的《烏鴉與麻雀》、《李時珍》、《林則徐》、《聶耳》等影片連連得獎，成為中國最著名的電影藝術家，被評為全國屈指可數的「文藝一級」藝術大師。而陳鯉庭在解放後對電影建樹甚少，只憑了從前對郭沫若名劇《屈原》的舞臺導演，評為「文藝二級」。但他「固執己見」的老脾氣也一似其舊，兩人間的吵架也就無法避免了。

在《魯迅傳》攝製組，兩人吵架從北京吵到上海，吵架的規模遠遠超過了解放以前。由於趙丹是中共黨員，而陳鯉庭是「黨外人士」——影響了「黨群關係」。上影廠的黨組織就不能不過問了……。

兩場大爭論以後，趙丹與陳鯉庭如同水火，各不相讓。陳鯉庭要趙丹一起研究分場；趙丹說「空談無益」，要陳鯉庭寫出《分鏡頭本》，否則「恕不奉陪」。——《攝製工作計畫》幾乎又成僵局。廠黨委的丁一書記和魯耕副書記要我通知趙丹、夏天到天馬廠導演室聽他們的意見，研究如何化解矛盾，繼續工作。我作為記錄人，參加了這次談話。

丁一是不久前黨中央召開中央工作會議即「七千人大會」的參加者，最近又聽了廣州會議的傳達。她談了當前的形勢對我們很有利，要群策群力把《魯迅傳》快點拍出來。丁一說：柯老問她：天馬廠的《魯迅傳》何時拿出來？——柯老就是中共中央政治局委員、國務院副總理、華東局書記、上海市委第一書記兼上海市長柯慶施。柯慶施當時為天馬廠攝製的影片《年青的一代》

親自修改劇本、改寫臺詞。柯老親筆修改《年青的一代》的手跡由我保存在天馬廠藝術檔案。

丁一說：柯老問起《魯迅傳》時還說過，三年自然災害，老百姓在餓飯，這些大導演、大編劇、大演員泡在高級賓館磨劇本，本子到現在還定不下來，太不像話了。

丁一說：我們都是黨員，為了同一目標，不要鬧意氣。鯉庭是黨外人士，多年不下攝影棚，缺少拍電影的實踐，大家幫他一把，把《魯迅傳》拍出來，完成黨給我們的任務。

趙丹說：我和鯉庭是老朋友，解放前合作過兩部片子，國民黨中電廠的《遙遠的愛》和《幸福狂想曲》，他老是指手劃腳，理論一大套，具體工作都是副導演（地下黨員）趙明幹的。我和趙明很融洽。我和鯉庭爭論沒有停過。趙丹說：這個人是列寧說的「語言的巨人，行動的矮子」，他就是這種典型。解放後拍《李時珍》，他當導演，我是主演。籌備兩年，他從《本草綱目》做了不少卡片，我批評他：「我們是拍電影，要把李時珍的藝術形象搬上銀幕，又不是開中醫研究所，做這些中藥卡片有什麼用？袁文殊（當時上影黨委書記）把他撤下來，叫老沈（即沈浮）導演，幾個月就把片子拍出來了。」當時我說過氣話「孫子王八蛋再和你合作了」。這次我毛遂自薦，是要演魯迅。其實白塵和夏公的本子寫得都不錯，兩次被他推翻了。電影本來是一門遺憾的藝術。不可能十全十美才開拍。好萊塢得了奧斯卡金像獎的影片，導演和主演事後都感到這裏不足、那裏不行。這是「藝無止境」，藝術規律從來如此。鯉庭是眼高手低，官僚加教條。我和他吵架是為藝術還是搬教條之爭。——趙丹表示：我向丁一

書記保證，我不是鬧意氣，我實在忍不下了。今後我注意。但是，希望黨委抓緊要他寫《分鏡頭本》，否則，一切都是空話。——丁一最後說趙丹通情達理。許多情況她是第一次聽說。今後有意見，直接找黨委，找丁一和魯耕都行……。

當廠黨委要求陳鯉庭寫出《分鏡頭劇本》時，陳鯉庭因病住進了華東醫院。

七、丁一補救方案失敗、《魯迅傳》攝製組解散

天馬廠黨委書記丁一執行黨的政策，對廠長兼導演陳鯉庭是很照顧的。陳鯉庭原住南陽路一幢石庫門的二樓，他與夫人毛吟芬兩人住樓廳和兩廂。當原來華東文聯的柯藍（曾兼上影編劇）外調湖南長沙任省文聯負責人，住在復興西路「高知樓」的大套房間按規定由市房管局收回。陳鯉庭以改善創作環境的理由，要求住進去。丁一便專門派了天馬廠廠長辦公室主任金兆元為此事疏通奔走，終於滿足了陳鯉庭的要求。當天馬廠的其他導演有意見時，丁一說：陳鯉庭寫《魯迅傳》分鏡頭本，需要良好的創作環境……。沒有料到，陳鯉庭卻長住醫院……。

1962年9月8日，夏衍檢查天馬廠《1963──1964年度電影劇目安排》，他看到《魯迅傳》沒有列入1963年的攝製計畫，向電影局、天馬廠明確指出：「《魯迅傳》影片是非拍不可了。東歐友好國家和新加坡都要求訂拷貝。《魯迅傳》不能再拖延了。……力爭在1964年上半年完成，向建國十五周年獻禮。」

鑒於陳鯉庭久病住院，丁一和電影局張駿祥局長研究訂出了補救方案後，去華東醫院探望陳鯉庭，告訴他夏衍提出「《魯迅傳》是非拍不可了，國外要求訂拷貝」等情況，同他商量補救方案。陳鯉庭當場沒有表態。

　　當時我上半天到天馬廠導演室上班，下半天則去醫院侍候陳鯉庭，聽他「指示」後或去「上圖」、或去「徐家匯藏書樓」查找資料。丁一書記便要我留意，聽到陳鯉庭對補救方案有什麼打算或意見後立即向黨委彙報。為了使我能準確瞭解情況，丁書記對我簡單談了補救方案的一些主要內容。我當時的記錄如下：

電影〈魯迅傳〉籌拍親歷記

丁一書記和我談的關於《魯迅傳》在陳鯉庭住院期間攝製的「補救方案」的大致內容如下：（這是丁書記口頭談的，我沒有看到書面材料。）

①在張駿祥局長指導下，由兩位副導演夏天和衛禹平去醫院聽取陳鯉庭口授意圖，寫出電影分鏡頭本。

②成立「導演團」，由陳鯉庭任總導演。由夏天和衛禹平現場執行；趙丹和于藍協調演員工作（于藍本來是《魯迅傳》的演員組長）；上影資深老攝影師吳蔚雲、北影廠總攝影師朱今明和本廠攝影師沈西林負責攝影（確保攝影質量）；由副廠長齊聞韶兼副導演總攬人事調度；副廠長楊師愈兼任製片主任（下設柴益新、湯麗絢兩人為製片員）；黨委副書記魯耕兼任攝製組支部書記。保證拍攝工作順利進行。

③由於外景分處紹興、北京、廣州等三地，擬請兄弟廠協助：
紹興外景，本廠老導演應雲衛正好在杭州和蓋叫天研究拍攝舞臺藝術記錄片，抽出幾天順路去紹興現場把關；
北京外景，請北影廠總攝影師朱今明（他本來是《魯迅傳》的攝影顧問，趙丹的好友）在北京現場把關；
廣州外景，請海燕廠導演鄭君里臨時抽幾天去廣州現場把關。

④內、外景現場拍攝的樣片，隨時請陳鯉庭審看定奪。

陳鯉庭不接受這個方案。提出要他解放前的助手趙明當《魯迅傳》副導演。當時趙明已被文化部任命為北京電影學院副院

長，臨行前正在導演市委抓的重點片《年青的一代》。無法再去當陳的助手了。

——當時是計劃經濟，《魯迅傳》攝製組在兩年中花去籌備費五十多萬元。（主要用於上海錦江飯店，北京新僑飯店、西頤賓館、翠明莊，杭州飯店，紹興龍山賓館等住房費和外請演員的巨額高工資。）再無限期地拖延下去天馬廠的經濟也負擔不了。經陳鯉庭同意，由副廠長兼副導演齊聞韶在1962年年終宣佈：《魯迅傳》攝製組解散。攝製人員分配至其他劇組。

——因為中宣部林默涵對電影《魯迅傳》也很關注，後由上海電影局將實況報告中宣部，這就是《上海電影志》第68頁所寫：

「後報請中共中央宣傳部同意，（《魯迅傳》電影）決定暫停投產。」

八、周總理不勝惋惜、「書齋劇」言外之意

中央文獻出版社2005年12月出版《歲月有情——張瑞芳回憶錄》，張瑞芳記下了周恩來總理對於電影《魯迅傳》未能投產不勝惋惜……。原書如下：

張瑞芳在《回憶錄》中是這樣寫的：

　　1963年4月25日，周總理和黨中央的領導同志，全體來看《紅色宣傳員》前後，一天打給我的兩次電話。我邊聽邊飛快地記錄，力求把通話內容準確地記錄下來，今天重新拿出來讀，往事歷歷浮現⋯⋯。

　　⋯⋯總理問：趙丹到哪裡去了？

　　張瑞芳答：到福州。和徐韜、艾明之、錢千里一同改編一個電影，是寫林懇區的叫《落戶的喜劇》。（電影拍成後叫《青山戀。》⋯⋯

　　總理問：《魯迅》還搞不搞啦？

張瑞芳答：導演陳鯉庭還在醫院裏。趙丹在思想裏暫時把它丟開了，生產計畫中今年也沒有安排。

總理說：也不要把它全部丟了，已經下了許多工夫。

——見該書第346頁

拍攝電影《魯迅傳》最初是周恩來總理向上海市委建議，得到市委第一書記柯慶施的大力支持，列入中央宣傳部、文化部和上海市委宣傳部、上影的投產計畫的。如今突然因導演生病住院而「暫停投產」，總理自然感到不勝惋惜。

《魯迅傳》劇本的執筆者陳白塵「別有一番滋味在心頭」，他更感無能為力之憾。他把劇本改名《魯迅》交上海文藝出版社出版，原書如下：

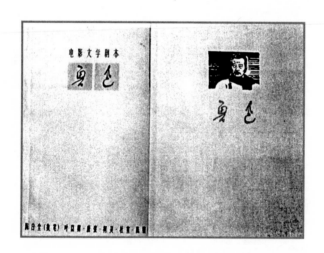

電影文學劇本《魯迅》「書齋劇」於1963年3月初版三萬冊，短短兩個月被讀者搶購一空，同年6月再版三千冊，又是供不應求。這說明當時廣大讀者對電影《魯迅傳》的熱望。電影《魯迅傳》為什麼不能「投產」呢？

陳白塵在《魯迅》書齋劇《校後記》中無可奈何地寫道：

「……作為一個電影劇本，它在戲劇性和藝術性的要求上，又可能引起更多的責難。作為執筆者，是瞭解這些不足，也未嘗不想努力克服這歷史性和藝術性二者之間的矛盾，使之獲得完整的統一。但苦惱的是，為執筆者才力所限，力不從心！徒喚奈何！……它如果要拍成電影，那是先要經過電影藝術家們的『手術』，然後才能進入再創造過程的了。」

——白塵預感到文學劇本將被導演的《分鏡頭》大動「手術」，所以宣稱「這本小冊子姑且如舞臺劇之有書齋劇一樣，先讓它作為一本電影的書齋劇來印行吧。」——言外之意既辛酸、又無奈，讀者是能夠體會的。

白塵和夏衍畢竟是三十多年的老戰友，反思《魯迅傳》修改文學劇本的往事，盡在不言中。「文革」結束，兩位劫後餘生。白塵去北京時特地去看望夏衍。照片附下：

　　據陳虹、陳晶著《陳白塵──笑傲坎坷人生路》所記，白塵對夏衍謙遜地說：

　　「我是自願投奔到左聯大纛之下來的小卒。」

　　而兩位「左聯」老戰友努力想使「左聯」主帥魯迅先生的藝術形象搬上銀幕的良好願望，有生之年未能實現，那是多麼的遺憾和「痛心」。

第八章　黨委書記要我整理發表
有關《魯迅傳》材料

　　電影《魯迅傳》遲遲未能上映，廣大觀眾來函詢問。天馬廠黨委書記丁一把觀眾來信交給我，她說：與其逐一回信，不如把《魯迅傳》創作組有關魯迅的調查材料整理發表；也可以把趙丹、藍馬等主要演員塑造人物藝術形象的心得公諸於眾。丁書記說：這是對廣大觀眾質詢的最好回答。——這就為我短時期在各著名報刊發表近百篇有關電影《魯迅傳》的「人物瑣記」、「採訪札記」提供了組織的支援。——現在的讀者不可能知道，在經歷了「反胡風」、「反右派」、和黨內「反右傾」等運動後，各地報刊發表來稿前，首先要對作者「政審」，要經過作者的單位「人保」部門點頭後才能刊用。所以，我寫的文章能很快發表，首先要感謝黨委書記。

　　《魯迅傳》編劇陳白塵同志對我的鼓勵和支持，也使我銘心難忘。

　　白塵前輩告訴我：前幾年（1954－1955年）他編劇、由上影廠拍攝的歷史故事片《宋景詩》（鄭君里導演，崔嵬、陶金主演）在攝製前對宋景詩的歷史展開了廣泛的調查，向一百多個村

鎮、調查了七百多位老人，記錄了原始材料幾十萬字。在此基礎寫出《宋景詩歷史調查研究報告》，然後創作了電影文學劇本。當然，電影《宋景詩》多災多難，拍攝後遲遲未能問世，在導演鄭君里的努力下，影片終於上映。其原因，是同研究工作遲於創作工作有關。為了亡羊補牢，白塵同志從1956年12月到1957年3月把《宋景詩歷史調查記》寫了出來。

白塵同志說：《魯迅傳》在紹興、杭州、北京、廣州、上海也調查了幾百位當事人和知情人，選擇一部份訪談記錄打印了好幾本。也發現了不少新的史實。待《魯迅傳》電影攝成後，也可以整理、撰述一本《魯迅歷史調查記》。白塵同志為了鼓舞我的信心，在1961年10月2日——他正在從事《魯迅傳》劇本定稿（即第五稿）時，特地將他的《宋景詩歷史調查記》親筆簽名贈送給我，為我日後撰述《魯迅歷史調查記》提供範本。原書如下：

在這樣的情況下，我把《魯迅傳》的有關材料，分為三類：

第一類：為趙丹、藍馬、石羽、于藍整理有關材料

①趙丹演魯迅——為他整理《魯迅形象塑造的初步探索》

原件如下：

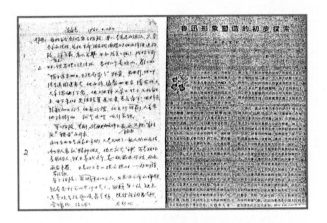

我為趙丹整理這篇文章，其起因來由於《北京晚報》的報導。

1961年5月28日《北京晚報》發表整版長文《有關電影〈魯迅傳〉的消息——訪來京的〈魯迅傳〉攝製組》，文中報導了主演趙丹、副導演夏天和我介紹的資料收集情況。文中寫道：

「當我們正在和攝製組的同志談話間，趙丹推門進來了。（按：當時記者在夏天和我合住的房間談話）趙丹顯得很莊重、沉靜。這和他曾扮演過的聶耳的性格簡直聯不起來。……原來，

趙丹推門進來是通知攝製組（按：其實說攝製組是誇大了，因為來北京的總共只有五人，是來為劇本定稿的。）要去故宮參觀『中國古代十大畫家作品展覽』的。……借此使自己的性格沉靜下來，進入魯迅的精神世界中。」（原報如下）

因為記者在5月2日《解放日報》看到毛澤東主席接見趙丹的報導，拖住趙丹要他談毛主席接見的情況。趙丹是黨員，知道組織紀律，不願談。夏天說：「阿丹，主席的話不能講，你向主席彙報的話是可以講的。」——於是記者在報導中《劇本發表後的新情況》寫道：

「《魯迅傳》劇本發表後，引起了廣大群眾的興趣，得到黨和國家領導同志的關懷和注視。『五一』之夜，毛主席和上海群眾共慶佳節時，扮演魯迅的趙丹曾激動地向毛主席彙報了《魯迅傳》劇本修改的情況。毛主席風趣地同趙丹說：

電影〈魯迅傳〉籌拍親歷記

『上次是剃了光頭（指拍《林則徐》的那一次），這次要留長頭髮了。』（指將拍《魯迅傳》）——這種親切、細緻的關懷，曾給了趙丹以無比巨大的鼓舞力量。」

據《中國青年報》記者告知：團中央胡耀邦總書記看到這篇報導很感興趣，要記者採訪《魯迅傳》攝製組，指名向趙丹約稿，要他寫演魯迅的體會。

攝製組黨小組（組長副導演夏天）研究決定：由沈鵬年在原來《趙丹談角色》的基礎上，為趙丹整理《魯迅形象初探》，發表於1961年6月21日《中國青年報》。

《電影藝術》編輯見報後立刻來要求轉載。趙丹和我商議後，對原文稍予補充、改題為《魯迅形象塑造的初步探索》，並加了副題《創作筆談之一》交該刊於8月15日出版的第四期發表。趙丹和我約定，想繼續為他整理「筆談之二」談魯迅與陳獨秀、李大釗、陳延年、李立三、瞿秋白的關係；「筆談之三」談魯迅與母親、許廣平的親情和愛情。可惜因夏衍改稿後出現了料想不到的情況，後兩篇筆談沒有寫成。由於文章是我執筆，趙丹沒有收入《銀幕形象創造》集中。現將原文轉錄於下：

魯迅形象塑造的初步探索
——創作筆記之一

趙　丹

三十多年以前，當我還在青少年時代，最初接觸文藝即是從魯迅的《吶喊》與《彷徨》開始的。當時，這兩部小說那種嚴峻的現實主義的主題和豐富多彩的人物形象一下子就征服了我的心

靈，培養了我對文藝的愛好和興趣，同時作品中憤怒的控訴、無
情的鞭撻、深厚的同情，這種鮮明而強烈的傾向性又啟發我走上
了從事革命的文藝和戲劇的道路。因此，可以毫不誇張地說，魯
迅先生是我最早的啟蒙者和引路人之一。正因為如此，在三十多
年後的今天，我能夠有機會參加電影《魯迅傳》的工作，要在銀
幕上塑造這個偉大光輝的形象，心中感奮激動，久久不能平靜下
來，因為這不僅是全國人民的心願，也正是我幾十年來埋藏心底
的一個理想和宿願呵！

　　但是，要塑造這個偉大而光輝的人物，通過形象準確鮮明地
將他的思想風貌表現出來，擺在我面前的確實是一項異常艱巨的
任務。因為，魯迅所生活和戰鬥的年代，正是中國社會急遽變化
的歷史時期，他參加了從辛亥革命的啟蒙直至抗日戰爭的發動、
先後長達三十多年的艱苦卓絕的革命鬥爭。從時代來講：包括了
從舊民主主義革命到新民主主義革命的兩個革命階段；從他本人
來講，由革命民主主義者到共產主義者，在思想上是一個新舊交
替的過程，在政治上是改變立場的過程。通過一個人要反映整個
時代的變化，同時反映偉大作家本身的變化，這是一個多麼嚴重
的課題啊！由於黨的親切關懷，許多有經驗的同志的合作與幫
助，廣大群眾熱情的支持，這就使我充滿了無限的信心。

　　最近，通過對魯迅著作的學習，通過直接去紹興、杭州、北
京、廣州、上海等地廣泛地訪問了魯迅當年的親屬、戰友；又間
接從許多文字材料和形象圖片中進行探索，加上過去曾偶然地見
過魯迅先生二次所給我的印象⋯⋯這樣，對魯迅的精神、思想就
有了進一步的認識和理解。我覺得，魯迅的一生所走的道路，是

和中國革命發展方向完全一致的，這路程艱難困苦、正是黎明前的最黑暗時期。但是，儘管中國經歷了多少次革命浪潮的起伏，革命事業遭受到多麼酷烈的風暴襲擊，人民大眾卻一直堅持著英勇的抗爭，以不可阻擋之勢，衝破了帝國主義封建主義的各種阻力。而魯迅思想發展的過程，正是鮮明地反映著中國革命運動所走過的這一條迂迴曲折的、然而卻又是波瀾壯闊的道路。在他的全部精神遺產中，正是集中地表現了中國人民勤勞、勇敢、百折不撓，為正義和真理而鬥爭的英雄氣概。正因為魯迅是中國人民利益和意志的忠實代表者，所以才被全世界進步人士公認為是當代的一位偉大的思想家、文學家和革命家。

　　魯迅從小就同農民親近，和農民的孩子有著深切的感情，早在少年時代就開始攻讀中國的古籍，繼而又學習西方的自然科學、哲學和文藝，最後終於找到馬克思主義真理，隨著革命形勢的發展，魯迅的思想經歷了非常複雜的演變過程。戊戌維新失敗以後，十九歲的青年魯迅面對著破碎的山河、危亡的國家，激起了熱烈的愛國主義感情，他立誓要用自己的滿腔熱血，獻給謀求祖國自由、獨立和進步的事業；他曾經想把現代醫學作為宣傳新思想的工具，但當他覺悟到「革命的第一要著，是在改良他們的精神」以後，他就毅然「棄醫學文」，踏上了「精神界之戰士」的道路。辛亥前夕，他以一個革命民主主義者參加了啟蒙運動，他站在人民大眾的立場，以「進化論」為武器來考察社會問題，啟示人們去衝破清代王朝的牢獄。當時，他的觀點是超越了一般資產階級革命家的。在「五四」運動中，魯迅和共產主義者結成了戰鬥的聯盟，他只是一個同盟者，但他當時的言論、行動卻完

全符合革命要求的，因而在新民主主義革命的啟蒙運動中起了重要的作用。儘管魯迅在一開始就成了文化陣線上的主將，他前期的觀點中確實也有著比較科學的因素，但無庸諱言，這些觀點還不是以馬克思主義的科學世界觀為基礎的，因此，當革命進一步深化和發展的時候，他就立刻發現自己的思想武器已經遠遠不足以解決現實戰鬥任務的需要了。於是他一度曾經有過「孤獨」、「荷戟獨彷徨」、「淡淡的哀愁」之感，這是並不奇怪的，任何一個思想家，當他還沒有和群眾鬥爭直接聯繫起來時，都有過寂寞之感的。然而，在魯迅來講，鬥爭的目標是明確的，他沒有一時一刻停止過鬥爭。他是在「彷徨中有追求、苦悶中有希望」而「邊求索、邊戰鬥」著。他毅然拋棄了舊武器，積極尋找著新武器。因此，當他經歷了「三一八」壯烈的群眾運動和「四一二」殘酷的階級鬥爭以後，在中國共產黨對他的影響和啟發下，他終於在思想發展中起了質的變化，開始掌握「階級論」的武器而徹底否定了自己的舊信念。從一九三〇年起的最後七年間，在《二心集》到《且介亭雜文》的八部雜文集中，他完全是以一個共產主義者的姿態出現了，和前期的作品有了顯著的區別，在戰鬥進行中的懷疑、彷徨、悲涼的情緒已經絕跡，我們所接觸到的是沈著穩定的堅毅的進軍，是對必將到達的前途的巨大信心，是科學的分析與批判相結合的「分明的是非」和「熱烈的愛憎」。而且，愈是往後就愈益表現出他那更加成熟的馬克思主義者的特點。魯迅思想發展道路對我最深刻的啟示是：

首先是他的實事求是的作風。當時許多革命知識份子對中國社會、歷史還缺乏深刻的認識，魯迅則不同。一方面他是知之

為知之，不知為不知，知道的就很堅定，堅信不移，不知道的就決不強不知以為知；另一方面，他又對中國社會、歷史進行了深刻的研究和觀察。正因為他對舊中國這個客觀存在的認識極為深刻，因而他的許多觀點不但真實地反映了當時的社會、歷史現象，而且接近了社會問題的實質和發展規律。因而，在作戰中「反戈一擊」往往更能制敵於死地。基於他的這種實事求是的作風，因此儘管在早期他雖然不能從新一代和老一代的衝突中看到階級鬥爭的社會背景，但他卻堅信必須通過新的代替舊的來解決新與舊的矛盾。所以，在他清醒的革命現實主義的作品中，反映出他是越來越深入地接近社會問題的實質，越來越清楚的看到了社會發展的趨向。這是魯迅思想發展中的一個基本特點，也是他向馬克思主義躍進的一個有利條件。

其次，是他那嚴肅的不斷地進行自我改造的精神。革命的知識份子如果敢於並且能夠同封建勢力、帝國主義斬斷關係，同一切它們的走狗和代理人堅決對立起來勇敢堅定地前進，那麼他終究要發現：他的道路只能也必須同無產階級的道路緊密聯繫起來。這是近代中國文化革命和革命知識份子思想發展的一個規律，魯迅則是完成這樣發展的一個最偉大的先驅者。但是，從前者的立場轉向後者，畢竟是一個艱難的過程，一個嚴肅的自我改造的過程。在這個過程中，魯迅也有過他的最沉重的苦痛。當國際和國內的階級鬥爭日趨尖銳複雜的時候；當資產階級知識份子從「五四」統一戰線中分裂出去「有的高升、有的退隱，我又經驗了一回同一戰陣的夥伴還是會這麼變化」的時候；當革命進一步深化而他暫時還沒有同革命的主力──工人、農民取得聯

繫的時候；當他發覺自己所掌握的思想武器已不能適應現實戰鬥需要的時候……；他是「上下求索」痛苦萬分，彷彿感到「寂寞如毒蛇在齧碎著自己的心」。但是魯迅明確的認識到：要改造客觀世界，首先就要改造主觀世界。因此他在「時時解剖別人」的同時，卻「更多的是更無情面地解剖自己」。他是「將心交給人民」，一直以自新的精神督促自己進步，使自己的思想符合於革命的要求的。這種激烈的內心矛盾和嚴肅的自我改造精神，正是促使他思想不斷躍進的一個重要因素。

第三是他對馬克思主義的堅定信念和對共產黨的無比信賴。魯迅前期思想中雖然帶著某種程度唯心主義的雜質，但在他思想中占主導地位的是革命民主主義和樸素的唯物論。在十月革命後，他開始看到人類「新世紀的曙光」；由於「蘇聯的存在和成功」更使他「確切的相信無產階級社會一定要出現，不但完全掃除了懷疑，而且增加許多勇氣。」魯迅以這種堅定的信念，沿著馬克思主義的方向前進是緊緊地依靠著黨和人民群眾的，他以無限忠誠接受了黨的領導。他甘心情願做「革命的馬前卒」，做「無產階級和人民群眾的『牛』」，他驕傲地宣稱自己作品是「聽革命將令」的「遵命文學」。到了晚年，他更公開宣稱「同為著中華民族的生存而流血奮鬥的共產黨人一起作戰、並把共產黨人引為同志是自以為光榮的」。他更書寫一聯：「人生得一知己足矣，斯世當以同懷視之」給共產黨人，表達了他的心願。正是由於他這樣地信賴中國共產黨，從思想上解決了同黨和人民的關係問題，因而他就獲得了無窮力量的源泉。這也是他最後十年間在思想上和政治上，在理論上和文藝工作上不斷上升到更高更

光輝水平的根本原因。

綜上所述，貫穿魯迅一生的異常鮮明的紅線是：摯愛人民，忠心耿耿地為人民服務。他考慮任何問題時總是站在人民大眾的立場的。他早期對農民是「哀其不幸，怒其不爭」，他痛感「阿Q」們沒有真正的覺悟。（「爭」的一面他還沒有看到這「怒」是基於「恨鐵不成鋼」的摯愛出發的。）當他在以無產階級的集體主義代替了革命小資產階級的「個性主義」以後，他進一步懂得了知識份子不與工農群眾相結合就會一事無成的真理，他從各方面宣傳要相信人民向人民學習才能為人民服務的道理。他明確地指出「革命文學家，至少是必須和革命共同著生命，或深切地感受著革命的脈搏的」。他又說：「根本問題是在先要作一個『革命人』」，因為「從噴泉裏出來的都是水，從血管裏出來的都是血」。魯迅自己不僅「身體力行，鞠躬盡瘁」，而且為促使革命作家更好地為人民服務進行了許多思想、組織工作。因此，魯迅還不僅從組織上進入了無產階級的文化隊伍，而且在思想上成為無產階級的先進戰士。

電影《魯迅傳》上集是從1909年開始到1927年，包括了辛亥前後、五四運動、五卅——三一八和大革命等四個歷史時期。從上述對魯迅精神的理解出發，我覺得始終貫穿著的是魯迅的革命性和戰鬥精神，但是除了要掌握他不斷革命精神的這個主導方面以外，在不同的革命階段中還要恰如其份地表達出魯迅不同的精神面貌。比如在辛亥前夕，魯迅嘗自稱「會稽山下之平民，日出國中之遊子」。這和他在南京求學時自號「戎馬書生」是一脈相通的，這個時期他的特點是少年豪情、滿腔熱血，「我以我

血薦軒轅」，從事著啟蒙工作；在辛亥以後，五四以前，「國家的情況一天一天壞，環境迫使人們活不下去。懷疑產生了，增長了，發展了。」在新的領導階級——無產階級還沒有登上歷史舞臺的過渡時期，魯迅心中燃燒著反帝反封建的熊熊烈火，不得不用冷寂的沈默緊緊地包裹起來，這時期的魯迅是從熱到冷、冷中有熱，冷與熱結合，從冷中發出的熱是最大的熱；在五四運動中則完全以一個思想家的面貌出現了（雖然還不是馬列主義思想家）；五四以後，魯迅並沒有直接走向共產主義思想，但他卻堅持地不妥協地向帝國主義、封建軍閥及其走狗作著短兵相接的戰鬥，這個戰鬥是進行得如此徹底，如此堅決，可算是革命的小資產階級在那樣的環境下所可能達到的最高峰了。這個時期表現出魯迅的骨頭是最硬的，他沒有絲毫的奴顏和媚骨。同時，也就在這個時期，魯迅思想發展中正經歷著劇烈的變化和苦痛的歷程，他在奮戰的同時還在苦苦地求索著中國解放的道路。我非常欣賞陶元慶的那張木炭畫像，它傳神地表達了魯迅當時的精神狀態：一個大智慧者在凝神沉思著，一剎那間的困惑並沒有掩蓋了他對革命前途莊嚴的自信；挺削的鼻子和凝重的雙眉象徵著他「剛正不阿」的硬骨頭；他的眼光中既透露了蔑視敵人的大無畏神情，又傳達出對青年「似愛似憐」彷彿和煦的陽光對春草那麼輕輕的一瞥。我從這幅畫像上得到極大的啟發，我覺得從五四到大革命，魯迅基本上應該是這樣的神態。把魯迅在不同階段的特點能準確地表現出來（當然不是機械的加減法），我覺得就既可看到魯迅的一貫性，又可看出魯迅的發展來。這兩者是有機的、統一的、緊密相聯繫的。這樣，我想對魯迅這個偉大的形象就會塑造

得更深刻、更生動。

在刻劃魯迅性格的深刻性的同時，我覺得要特別掌握他性格的豐富性。魯迅性格中是既有剛、又有柔；既有冷，又有熱；既有愛、又有憎；既有嚴肅認真、又有風趣寬厚；既有「橫眉」、又有「俯首」；既是堅持原則、又是平易近人；既在周圍毫無響應之時敢於孤軍作戰、又從不放棄要組成一個反抗舊社會的「聯合陣線」的想法（見《兩地書》）……這一面與那一面是辯證的統一，這才構成了全面的、和諧而完美的魯迅的戰鬥人格。而貫穿這許多特點的整個性格基調是幽默。我覺得真正的幽默要具有很高的才智，而魯迅的這種幽默正是一種相信自己的智慧超過對方的優越感，沒有這種自信就產生不了幽默。魯迅的幽默也正是一種反抗，「嬉笑怒罵、皆成文章」，是對敵人鬥爭的一種武器。同時魯迅的幽默已經是「渾成自然、不落痕跡」，只感到他是博大精深、風格極高，已經到了「落花流水皆文章」的自然境界，絲毫沒有「矯揉造作」的了。

把魯迅性格的深刻性和豐富性歸納起來，集中到一點，我覺得其核心是「韌」，也就是「執拗」。「韌」就是堅決、持久、「鍥而不捨」。這「韌」也正像他在《略論中國人的臉》中所主張的：一個人必須帶些野牛似的一種「獸性」，「獸性」就在於有「咬筋」，一口咬住就不放，拼命地刻苦地幹下去。求索真理時是如此，對付敵人時也是如此。既以最大的「執拗」攻打敵人：「糾纏如毒蛇，執拗如惡鬼」，揭破虛偽、暴露黑暗、把狗打落水裏還「不能帶住」；又以同樣程度的「執拗」守衛著真理和光明，並以嚴肅而寬厚的態度對待同一陣線上的朋友和同志。因

而他能真愛才能真憎，有大勇才有大謀，這才是魯迅的真精神。

——林默涵、邵荃麟看了趙丹這篇文章很欣賞，推薦給外文版《人民中國》雜誌，要他們譯成英、法、俄、日等各國外文；選譯了陳白塵執筆的《魯迅傳》上集劇本的部份章節，同時刊出，向世界各國發行。題目仍是《魯迅形象塑造的初步探索》，還附印了趙丹扮演魯迅寫字的照片。

現將刊有這篇文章的《人民中國》日文版原書附下：

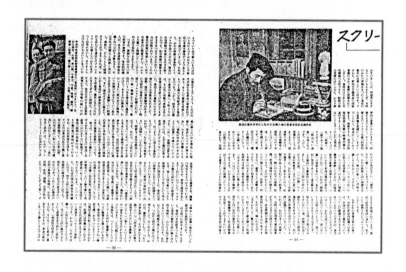

——由此證明：《地獄之門》第185頁所寫：

「1961年，我（趙丹）在北京為《人民中國》雜誌撰寫了一篇文章：《藝術家要用自己的語言說話》」是誤記。應該是《魯迅形象塑造的初步探索》。

所說「其中刪節了毛主席對魯迅（評價）的三個家（即偉大的思想家、文學家和革命家）的崇高的歷史評價。」——也是誤記。因為在《中國青年報》、《電影藝術》和外文版的《人民中國》，都明確寫出：

　　「正因為魯迅是中國人民利益和意志的忠實代表者，所以才被全世界進步人士公認為是當代的一位偉大的思想家、文學家和革命家。」

　　在當時的報刊上，並沒有「刪節了毛主席對魯迅評價的三個家」。為避免以訛傳訛，僅按事實、文證，更正如上。

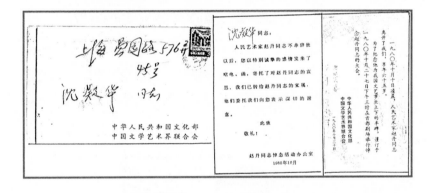

　　1980年10月10日人民藝術家趙丹同志懷著20年沒有拍成《魯迅傳》的永遠遺憾離開人世，令人痛惜。但他留下的《魯迅形象塑造的初步探索》將永留人間，他的讀者通過這篇《創作筆記》，依稀可以窺見他為塑造魯迅藝術形象所化的心血和努力。紙墨壽於金石，藝術家趙丹不朽！

10月22日接到文化部和全國文聯於10月27日在首都劇場舉行悼念趙丹同志大會通東，我正好手術住院，便向大會發了唁電。11月4日，接到了「趙丹同志悼念活動辦公室」的覆函，附印於此，作為我和這位藝術大師生前友情的見證。

趙丹在《地獄之門》第186頁還寫道：「《魯迅傳》幾起幾落，不了了之，再也沒有開拍。」這「幾起幾落」就是劇本創作的「一波三折」；好不容易決定投入攝製，導演卻因病住院，所以他說：「不了了之，再也沒有開拍。……籌呵、愁呵、籌呵、愁！真是欲說還休！」——無可奈何的言外之意，不言而喻。

②藍馬演李大釗——為他記錄《塑造李大釗形象的設想》

在電影《魯迅傳》扮演李大釗的藍馬是中國話劇、電影的傑出藝術家，也是趙丹的好友。我在攝製組和他相處半年，為他記錄了關於《塑造李大釗形象的設想》。趙丹與藍馬的合影及記錄原件如下：

　　藍馬（1915－1976）原名董世雄，原籍浙江餘杭，生於北平。1932年參加中國左翼劇聯北平分盟。1934年加入中國旅行劇團，走上演劇的道路。1942年在重慶加入地下黨領導的中國藝術劇社，演出《家》、《北京人》、《一年間》、《戲劇春秋》、《清明前後》等名劇，受到廣大觀眾好評。解放前在上海，主演了《天堂春夢》、《萬家燈火》、《希望在人間》等進步的優秀影片，譽滿全國。1949年參加中國人民解放軍。1951年調總政文工團，歷任文工團副團長，戲劇隊隊長、藝術指導等職。主演了《走向新中國》、《萬水千山》等電影。1956年加入中國共產黨，是全國政協委員，中國影協和劇協的歷屆理事。「文革」中被迫害，妻離家破後病逝。陳白塵在南京聞耗後痛惜不已。

　　趙丹說：「他是一位不可多得的現實主義表演藝術家。他的表演自然、細膩，善於捕捉角色的核心而不帶雕琢的痕跡。」

他演洪深先生的《草莽英雄》，灑脫不凡，身穿紡綢長褂，高高的領子襯出裏面的白綢襯衫，輕輕捲起的袖口，一雙小圓口直貢呢鞋子，用右手拎起袍角，走路從容不迫……這一切都顯示了人物的風度氣派。他並不追求節奏變化，但鮮明的節奏變化自在動作之中。最後一幕當他戴上手銬被帶走時，他向手下的人說了一長段曉以大義的臺詞，抑揚頓挫、鏗鏘有力，而又自然和諧！他臨行前，用腳對準小凳，猛然踢倒，這是他在這場戲中唯一的大動作，然後戴上手銬，給帶走了。他走的時候並沒有做「英雄」告別狀，而是用微笑向人們告別。

他在《萬家燈火》中演一個職員，善良、守本份的小人物。有一個當他看到自己一生老老實實做人而終於理想破滅，不禁欲哭又止的特寫鏡頭，他演得非常真切、細膩、感人。沒有深刻的人生體驗是表演不出來的！

他在《萬水千山》中演教導員，真實可信，他在犧牲前談自己的理想，是多麼吸引人啊！

他在《升官圖》中演貪官，誇張而蘊蓄，別有一番味道。

他在《希望在人間》中扮演大教授，一派學者風度！

藍馬在平日的生活中是懶懶散散的，大夥管他叫「懶馬」。可是他很會即興表演，在日常生活中無時無刻不在扮演著各式各樣的角色。一會兒他成為殺人魔王希特勒，一會兒又變成個喜劇大師卓別林，一會兒他在莫斯科紅場上檢閱遊行隊伍，成了史達林啦，再一個動作到了天安門廣場，成了毛主席了……。」

于是之也說：「一九六〇年冬到一九六一年春，為拍攝《魯迅傳》，一批演員調到上海集中，其中，學習、吃、住都在一起

的，有趙丹、藍馬、謝添、石羽、于藍和我。

我是晚輩，從他們每位同志身上都學了不少難忘的東西。藍馬同志使我記得深的有幾件事。

一次他說起自己演戲中遇到的挫折：有一個角色他排戲時沒演好，導演斥責他不能當演員。他為此一個人躺在江邊痛苦、發愣。最後他終於演好了這個角色。——這回談話，在他是不經意的，但給我的印象極深，因為我當時正在為斯坦尼斯拉夫斯基的「從自我出發」之類的事搞得很苦。聽了他一番話，我想：「噢，原來這麼有才能的演員也曾那樣地痛苦過。」他的話使我平添了不少勇氣。後來我也曾用他的這個例子砥礪過一些比我更年輕的同志們。

藝術創造中總是一帆風順的演員大概是沒有的，我想。

他曾幾次說過演員必須多觀察、積累生活。他用了一個很好、很恰當的比喻說：「生活是海，劇本不過是個游泳池，你在海裏都游得自如了，在劇本的規定情景裏活動，就自然覺得有富裕了。」他不只這樣說，而且身體力行。他非常注意觀察生活，而且，不說每天吧，也是經常地在我們一起吃過飯後，總要即興地表演一些小節目：表演一個這樣、那樣的人物；一件這樣、那樣的小事，演得鬆馳、自然、真實、有生趣。這些都是他從生活裏觀察得來和積累下來的。當時，我一邊看著他的表演，一邊想：這樣的演員，再不易演的角色恐怕也是難不住他的；角色一到他的手裏一定會很快地生動起來。

我由此想到，到目前為止，我們還有時分不大清技術和技巧的區別，誤以為技巧就是吐字、發音、踢腿、下腰等等。鍛煉、

掌握這些都是必要的，但這些只是創造人物的技術準備。掌握了技術，不等於就會進行藝術創造，這個道理如同作家必須識字，但識字多的不一定準成作家一樣。光靠腰、腿、音、字是創造不出人物來的。創造人物主要靠生活，運用技巧是為了把生活的真實更好地變成藝術的真實。要想創造好人物，沒有深厚的生活底子和各方面的修養是辦不到的。因此，像藍馬同志下的這種孜孜不倦地汲取生活素材並隨時隨地用自己的身心去練習、去體驗的這種功夫，在今天仍是應當大大提倡的。

藍馬飯後表演的小節目，很像是大畫家的素描小稿，從那裏面是可以生長出偉大的作品來的。

藍馬同志應當留給人民更多的東西，人民應當更多地看見藍馬的藝術創造，但這一切都是不可能的了。」

由此可知，1961年4月6日由藍馬口述、由我記錄的《談角色之二（按：談角色之一是趙丹談魯迅）關於塑造李大釗形象的設想》，彌足珍貴。（原文如下）

談角色之二：藍馬關於李大釗形象塑造的設想

1、思想發展

2、性格特徵

3、和魯迅的關係

4、對劇本中關於李大釗的出場問題的意見

（一）思想發展

李大釗字守常，但在戲中希望統一用「李大釗」，不要再叫「李守常」了，以免青年們反而不清楚。他於1888年10月6日誕

生在河北省樂亭縣。自幼父母早亡，寄生於祖父家中，依靠祖父過生活。雖然也是地主家庭，但從小寄人籬下，失去家庭溫暖，因此在性格上從小就養成了艱苦奮鬥和勤儉樸素。

1907年入北洋政法專門學校，接受了新學思想，對社會生活有了較多的瞭解，對國家政治表現了關心。在青少年時代，接受了新思想以後，是比較活躍的。

在辛亥革命後，看到「共和國」的現象和實質，1913年他就以憤怒和沉痛的心情揭露北洋軍閥的罪惡。

在去日本留學後，愛國主義思想和革命民主主義思想得到進一步發展。由寫文章開始，發展到組織秘密團體「神州學會」，進行反袁活動。

1916年回國後，辦《晨報》、參加《新青年》陣營等，寫了《青春》等著名文章，對反封建主義的新文化運動起了很大作用。

有了以上這段進步的先覺者的生活道路，所以在1917年十月革命之後很快地認清了這一革命的實質，開始了由革命民主主義者到共產主義者的轉變。

在迎接十月革命後，1918年開始寫出《法俄革命之比較觀》，接著又寫了《庶民的勝利》和《布爾什維主義的勝利》等文，已指出中國人民應該沿著這條道路前進！1919年初，他又寫了《新紀元》、《戰後之世界潮流》等文，代表了當時中國的先進分子運用無產階級世界觀來觀察國家命運的良好開端，標誌著中國人民在十月革命影響下的新的覺醒。在這一點上，李大釗比魯迅清楚。

在「五四」前後，他已是一個革命文化活動的積極的組織者和指導者了。在「五四」前，他進行的一系列革命活動和宣傳鼓

動，對新文化運動的開展和群眾愛國運動的發動，起了積極推動作用。

1919年與胡適的「多研究問題、少談些主義」的論戰中，堅守了馬克思主義陣地，進一步擴大了馬克思主義的影響。在現在的戲裏、在這個論戰中，沒有表現出李大釗堅守馬克思主義陣地的作用。

1919年底到1921年中國共產黨成立，2年中寫了不少宣傳馬克思主義和介紹十月革命的文章，他還強調理論與實際聯繫的重要意義，號召一切真正的革命知識份子不要空談理論，必須把馬克思主義的理論灌輸到工人中去，從事建立工人團體的實際活動。共產國際派代表來中國後，他就是北京小組的建立者和領導者，在這一時期已用實踐活動推動共產主義在中國的開展。如在長辛店辦工人夜校，出版專門對工人進行共產主義教育的通俗小報《勞動音》等。他最早提出「到民間去」、「到農村去」的口號。

1923年京漢路工人大罷工，他是積極領導者之一。

1924年北京學生市民等關稅自主運動的積極領導者。以至1926年「三一八」直接參加指揮群眾的行動。

直到臨就義前，一生表現了對革命的無限忠誠。

他光輝的一生是革命知識份子不斷追求真理，追求進步的一生。他的思想發展過程是和中國由舊民主主義革命轉變到新民主主義革命的這樣一個錯綜複雜的歷史過程相符合的。他的思想中的某些特點，也正是這個歷史過程某些特點的具體而深刻的反映。

（二）關於性格特徵

他的生活正是那種

「黃卷青燈、茹苦食淡、冬一絮衣、夏一布衫。」

堅苦樸素的生活；理論聯繫實際的工作作風；誠實謙和的高尚品格；和那堅定的無產階級立場；緊緊跟隨時代前進的革命精神，永遠是我們學習的榜樣。

在訪談中一致認為他的性格有溫和、淳厚、穩重的特點，所以，他的出現應適合表現這些特點。

為《新青年》分裂一場戲，值得重新揣摩他的態度。他的一生中很少發脾氣，在戲中出現很少，但就發了脾氣，顯得不像他。

應從待人接物的細節行動中突出表現他的氣質和風度，多給予生活的語言，少講理論。

（三）和魯迅的關係

與魯迅的關係：接觸應盡可能減少。與其勉強會談不如少「會」或「不會」。現在暫時還想像不出好戲。

李的大事情，包括和魯迅的關係，要遵從周揚同志的指示：一切要有證據。

總的，李在戲中出場少而精，兩三次足矣。因為這個有名望的先烈是眾人皆知，在群眾中已有基礎，一出場，觀眾就有印象，可以不必多費筆墨再作詳細的介紹了。如筆墨雖多，搞不好反而有損形象。

（四）對劇本中關於李大釗出場問題的意見

現在劇本中，李大釗的出場偏多了。總計出現達20餘次。

第一次　要給郭小鵬講俄國的情況，叫郭送封信給胡適。

第二次　在圖書館，正在講俄國革命的情況

第三次　在魯迅家，李魯會談，談政治和辦刊物——講努力

現在，為青年一代創造未來和辦刊物的事，介紹《新青年》同仁的名字。

第四次　李在讀書：讀《狂人日記》，講了幾句讚美的詞句。

第五次　特寫，李在寫文章：《法俄革命比較觀》。

第六次　特寫，繼續在寫文章：《庶民的勝利》等文。

第七次　特寫，繼續在寫文章：《新世紀》等文。

第八次　會議：在臺上宣佈五四遊行示威。

第九次　五四大會，在臺上指揮呼口號。

第十次　《新青年》分裂會議上，談如何辦刊物和談政治——介紹《新青年》中有人不願談政治，和說明《新青年》必須要談政治。而且說明自己主張談政治，要談馬克思主義，並且說一輩子要談下去。

第十一次　李又在讀書：在談《吶喊》裏面的《阿Q正傳》。

第十二次　李又在談辦刊物和談政治：在長辛店一個工廠裏，介紹黨已成立；並介紹自己到處奔跑，所以沒有去看魯迅；並且讚美《阿Q正傳》介紹對《阿Q正傳》的評價；又介紹廣州成立了農民運動講習所，各地農民運動都起來了；又介紹胡適、陳源等辦了《現代評論》；又介紹魯迅一直堅持「五四」傳統，再介紹魯迅現在還要戰鬥，但是因找不到革命的道路，現正在苦悶著。

第十三次　李在魯迅家，談政治、鼓勵魯迅：介紹國共兩黨合作，孫中山接受了三大政策；以及介紹工人運

動風起雲湧，湖南、廣東、湖北的農民都組織了
農會。

第十四次　李大釗和學生隊伍在火光中並肩走著，叫魯迅幫
助女師大同學鬥下去，說他自己要去動員北京各
大學的學生和教授支援女師大。

第十五次　李又在開會：在北大主持會議，宣佈和段祺瑞的
教育部脫離關係，表示抗議。會議中間，胡適趕
來，與胡有一兩句對話，最後又宣佈通過決議。

第十六次　在「三一八」大會上，在天安門大會主席臺上
演講。

第十七次　李在路上碰見魯迅。

第十八次　李趕上遊行隊伍，在執政府前找到總指揮，告以
遊行隊伍立刻轉移。

第十九次　工人保護李大釗衝出鐵門。

第二十次　在魯迅家，勸魯迅去廣州，並說明自己準備留下跟
段祺瑞周旋到底。

從以上出場次數來分析，計：

1、魯迅家（五四前、五卅前、三一八後）去了三次，談了
三次；

2、出席大型會議（圖書館閱覽室內、《新青年》分裂會、
北大評議會）三次；

3、寫文章（特寫鏡頭：《法俄革命比較觀》、《庶民的勝
利》和《布爾什維主義之勝利》、《新世紀》和《戰後
之世界潮流》三、四次；

4、在讀書（讀《狂人日記》和《阿Q正傳》）二次；

5、在群眾場合演講或指揮（五三晚上、「五四」大會上、支援女師大學生隊伍前、「三一八」大會上）四次；

6、和學生、同志大談政治（圖書館和郭小鵬、長辛店工廠內）二次；

7、街上過場（「三一八」路上遇魯迅、找總指揮、衝出鐵門）三次。

其中有些地方該出場的，可惜沒有安排出場。如劉和珍犧牲後，哀悼的場面中，反而沒有出面。

有幾個問題：

1、李大釗和魯迅的關係是否如此密切？

　　材料上沒有、有硬湊合的現象。有些魯迅不像魯迅、李大釗不像李大釗之感。

2、馬克思主義者是否總是老談著馬克思主義？是否總是政治不離口？是否總是聲明自己要「鬥」下去？

　　觀眾喜歡這樣的人物嗎？我們敬佩於前進人物的主要在於他為馬克思主義鬥爭、犧牲、受苦受難、英勇的精神，而不僅僅是在於他聲明自己是馬克思主義、宣佈自己永遠鬥爭下去。馬克思主義者除了用語言影響人之外，更重要的是用行動影響人。這一點在戲中如何表現？現在劇本中的李大釗，只僅僅是在談政治、談辦刊物、談革命、談馬克思主義、談局勢、談時代背景、談自己要「鬥」下去……！總之，他只是在「解釋局勢、說明情況、報告消息、介紹新聞」。至於他厚道可親的

特點，以及對待人是關心、誠摯、熱情，他認為無論什
麼人都可以改造好的……等等，他的許多性格特點，現
在的戲中卻沒有表現餘地。

3、李大釗和魯迅談話中，一些帶有啟發性的語言、內容，是
否當時魯迅不曾理解？覺悟不到？要接受李大釗的當面指
點？李大釗出現的目的：希望是樹立一個形象，而不只是
為了貫穿劇情或替作者說明一些情況而已。（完）

　　藍馬同志和我約定，這份《設想》待和陳白塵交換意見後
進行修改，然後要我為他整理成文。他說他收集了國外的各種徽
章，很有趣。待他的《設想》正式成文後，找出來贈送給我。他
憑回憶畫出了十枚徽章的圖案，說「先送你畫餅充饑……。」題
款為「沈專家指歪：藍馬作，1961.3.20」（原件如下）

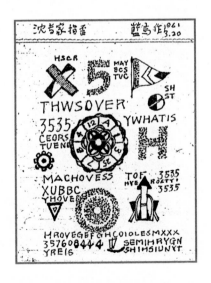

可惜，不久發生了夏衍改稿的一場風波。劇本定稿後正待開拍，導演卻因病住院，「攝製暫停投產」──藍馬同志和我約定正式整理成文的願望成為泡影。藍馬同志的音容笑貌永留我的心中。

③石羽演胡適──《胡適在〈魯迅傳〉裏應該擺在什麼樣的位置上呢？》

石羽原名孫堅白，擅演知識份子而飲譽影劇界。1948年在費穆導演的電影《小城之春》扮演一個與世無爭的知識份子（大哥禮言）與韋偉、李緯共演對手戲，成為中國十大經典名片之一。在《魯迅傳》演胡適。

在《魯迅傳》攝製組成立後，他是學習、讀書最勤奮的一位，有他親筆所寫的《〈魯迅〉組學習筆記》為證。原件如下：

石羽的這份《〈魯迅〉組學習筆記》十分珍貴，因為他記下了天馬廠黨委書記丁一向攝製組提出的學習計畫。原文如下：

學習目的──貫徹夏衍同志指示，開拍前達到在重大問題上的認識一致。

第一階段：執行市委陳（其五）部長指示，以學習毛主席著作為中心，用來指導我們理解歷史、理解各個階級、階層；理解魯迅、從而理解拍攝這部戲的意義。

文件：1、《中國社會各階級分析》

2、《中國革命與中國共產黨》

3、《新民主主義論》

4、《論人民民主專政》

第二階段：理解魯迅

1、聽「導演報告」

2、看王士菁《魯迅傳》

3、看瞿秋白《魯迅雜感選集序言》

4、魯迅著作選讀（篇目另發）

第三階段：以周揚《第三次文代會上的報告》為綱

1、進行人物研究

2、會合導演構思討論

第四階段：立場景──確定（導演分鏡頭）劇本

──從石羽親筆所寫的筆記中，可以見到當年天馬廠黨委對《魯迅傳》攝製組的學習要求和攝製步驟。其時為1961年2月28日。

更為令人感動的，石羽和謝添等老藝術家對學習的認真和對自己扮演人物在《魯迅傳》中地位的探索，難能可貴。

石羽和謝添在學習時的合影、石羽所寫《胡適在〈魯迅傳〉裏應該擺在什麼樣的位置上呢？》提綱原文，特印如下：

「胡適在《魯迅傳》裏應該擺在什麼樣的位置上呢？」

石羽認為：

1、關於胡適其人

沒落的地主兼資產階級出身的胡適，受了封建奴化教育後，到上海又受了改良主義的薰陶。悲觀失望之餘，產生希望，尋找進級的臺階。他是（留美後）帶著很大的個人野心歸國的。

趁人民渴望改變現狀，先進者（如陳獨秀、李大釗）求解救中國的藥方，向西方、向日本（明治維新）找介紹各種學說、新思想的當口，他便大搖大擺回國了。

如果說黃競白、章介眉和他們所代表的反動勢力在辛亥革命時針對著資產階級的懦弱性，奪得了果實；那麼胡適以及他所代表的買辦文化就給舊的統治帶來了催命的針藥、苟延的性命、混亂了當時可能形成的統一戰線。為帝國主義作倀，為軍閥找尋種種進行掠奪、戰爭的藉口，使革命遭到各種困難。軍閥是拿著刀的敵人，而胡適是偽裝的老虎（笑面虎）。

2、但，這畢竟是《魯迅傳》，而不是革命史

既然是《魯迅傳》，就要以魯迅為中心。能夠表現當時革命鬥爭的艱苦，表現階級鬥爭，特別是能說明魯迅的思想、性格發展的正面的和反面的，都很需要。但又不是一把抓，什麼都有，要有重點、層次。

因此胡適的戲就不能多。遠離魯迅思想發展的道路的，不必細談了。

但胡適是個歷史人物。就我們的戲來說，是個典型。是當時反動力量的代表人物之一。因此是個獨立的人，一種頑強又狡猾的阻力。在文學藝術上相當於蔣介石的地位。因此要有份量，又不必多。

他是那個社會的必然產物，不是為了說明別人而存在的。辯證地來看，他是魯迅（革命和進步力量）的對立面；但他又是有自己的願望和野心的人。能否不要太受具體材料（指當時批判胡適的那些文集）的限制，以免模糊了真實的一面……

3、小的情節可以創造、想像。反映大的時代面貌就要解決：

如以李大釗為紅線，那麼，反動的黑線問題如何聯貫？如何表現它的作用？

如以胡適作為魯迅的對立面，焦點放在什麼地方？

如以歷史地看，胡適當時的作用、影響；他在當時迷惑了一些什麼人？他是北大最年輕的教授——在學生中有「威信」……。

4、魯迅對胡適：

《新青年》時期對陳獨秀、胡適的看法；分裂時說「索性任他分裂倒還好」；

「整理國故」的不同看法；

「對胡適的小說考據」——採用胡適研究《紅樓夢》的成果。

主要的分歧在1927年以後

一斥胡適日記發表《御鑒》；

二斥胡適（1930年）謁蔣介石；

三斥胡適（1932年）對李頓調查團的奴才相；

四斥胡適（1933年）收何鍵五千元程儀，演講復古；

五斥胡適講「人權」、「好政府主義」——為反動派鎮壓政治犯開脫……

——其實，胡適與魯迅的關係不多。

5、關於胡適的性格

能言善辯、態度好，講話聲調平、不動肝火。

機智，容爾轉、沒有大動作。口才很好，通順流暢，滔滔不絕，喜怒不形於色。——對魯迅從未有惡言，表面一直很「尊敬」……。

此外，石羽對《魯迅傳》劇本中有關胡適的七場戲提了初步意見。

1961年4月下旬，導演宣佈攝製組臨時解散，放外請演員回北京時，石羽把他的《創作筆記》交給我保管。他說等再回攝製組後，要我幫他補充有關魯迅與胡適的材料，準備寫一篇對胡適的人物分析。（後未果）

石羽聽我對藍馬的表演藝術表示欽佩時，特地畫了一幅「蘭君馬兒尊容」送給我，原畫如下：

④于藍作為演員組長的《工作彙報》

　　于藍在《魯迅傳》中除主演許廣平外，還擔任演員組組長之職。這是她當時的《工作彙報》。原件如下：

　　于藍的《工作彙報》原文如下：

（一）工作情況

　　演員組（北京的部份同志）是去年十一月集中的，現已三個月了。頭二個月是看魯迅著作、訪談記錄及對魯迅的評價等文章。以後是討論劇本。「廠長會議」期間，學完了《毛選》四卷。春節後大部份演員集中了，主要學習了秋白和姚文元對魯迅分析的文章。

（二）對劇本的意見

　　五四時期，魯迅的人物性格單一了一些，不如從材料上所看到的那麼豐富多彩。這部片子，是《魯迅傳》，從全國人民的關心、客觀的要求；和從作者的力量來說，再給一點時間，可以把劇本搞得更好。李魯的關係：二人的相見，談話內容不夠吸引人，更多是消息的報導，還有一次李訪魯，勸魯轉移，說「這裏多危險，你一定得走，我還得堅持戰鬥……」等，也顯得李很不含蓄。兩人都是《新青年》編委，歷史上是有可能見面的，但從現有的材料上看，《狂人日記》之前兩人是未見面的，而且關係也不是像現在這麼密切。魯迅之寫《狂人日記》主要是受了當時愛國、反帝反封建的青年學生運動的鼓舞才寫的。尤其，李大釗

和魯迅兩個都是知名人士，處理他們兩人的關係，更應慎重，應符合歷史的真實。是否只要兩個人有一兩次談話就夠了。五四後，由於敵人加強鎮壓，知識份子內部的分裂，魯迅曾為找不到出路而苦悶、跌宕，從魯迅二五、二六年的信件中也反映了這種情緒，現在劇本中對他的苦悶，還未體現出來。

（三）對許廣平這個角色的意見

許廣平這個角色，現在看來，只因她是魯迅夫人而擺進來了。從《兩地書》上，也看出他們之間思想上的交流是很多的。現在從劇本中看，魯迅與其他人有思想上的交流，和許廣平就沒有什麼交流了。他們兩個人的結合，就看不出什麼意義了。

——于藍的《工作彙報》言簡意賅，反映了北京演員共同的意見。

第二類：在《光明日報》發表電影《魯迅傳》人物瑣談

丁書記要我整理發表《魯迅傳》的材料，副導演夏天認為可從讀者比較生疏的人物談起，如范愛農、王金發、章介眉等。

于是之寫了《關於范愛農的初步設想》，我曾協助他寫人物分析《范愛農及其悲劇》。夏天說可以作為「人物瑣談之一」。經組織推薦，《光明日報》1961年12月26日發表。接著《王金發之死的教訓》、《章介眉的一生》也在1962年3月13日、4月3日的《光明日報》陸續發表了。

附：范愛農及其悲劇——電影《魯迅傳》人物瑣談之一

范愛農是魯迅在辛亥革命前後的朋友之一，也是陳白塵執筆的電影《魯迅傳》第一章中的一個重要角色。他既不是叱吒風雲的革命英雄，也不是胸懷大志的人物，魯迅稱他是「當世小酒人」。生前，在舊「社會的冷笑惡罵迫害傾陷裏過了——生」；死後，他的墳墓也早在忘卻裏漸漸平塌下去了。」（均系魯迅語）儘管辛亥前後的許多人事曾經使魯迅「不堪記憶」而「不忍說、不想說」，然《而范愛農之死卻使他特別的不能忘懷。當他最初聽到范的死訊時，「為之不怡累日」，十分痛惜地在《日記》上寫道：「君子無終、越之不幸也」。過了三天，他又寫下了滿懷悲憤的三首悼詩。（見《魯迅全集》第七卷）事隔十五年後，魯迅到了廈門，正當他激烈地自我思想鬥爭，編《墳》以埋葬過去的時候，他又寫了《范愛農》一文，通過對自己切身的感受和亡友的回憶，批判了過去的時代，作為連續發表在《莽原》上的《舊事重提》（即《朝華夕拾》）的一個結束——魯迅是多麼迫切地希望范愛農的時代快點結束、永遠過去呵！

魯迅對范愛農如此耿耿於懷，念念不忘，絕不僅僅是系於私人的情誼。范愛農的悲劇是「時代的悲劇」，他個人的悲歡遭遇恰好具體而微地反映了辛亥革命的興衰。范愛農比較典型地代表了辛亥時期的小資產階級知識份子，在他身上正體現了他們對革命的認識、想望以至於絕望的變化過程。正因為如此，魯迅在辛亥時期的朋友中間，齎志以歿、抱屈而終的人並不少，但作為

專文寫下來的就只有一篇《范愛農》。而更後，在小說《在酒樓上》的主人公呂緯甫身上，也分明有著范愛農的若干影子。

范愛農的耿介、抗俗、敢作敢為，——雖然有時候不免矯枉過正，還帶一點稚氣，卻贏得了魯迅的友誼，因為這正是殖民地半殖民地人民最可寶貴的「硬骨頭」性格的某——部分在他身上的具體表現。比如在辛亥前夕，他好不容易地擺脫了賽處三家村教蒙館的困境，在城「裏的中學堂覓到一個工作機會，不久，他為了不願和在秋瑾案中有：下石之嫌」的繼任校長杜某共事，不惜絕裾徑去。臨行，他為了表示對杜某的抗議和示威，便把所有的文書檔案來了個堅壁清野，乾淨徹底得「凡關於教務者，竟無片楮」，甚至連課程表也沒有留下一張。當時魯迅去看了，也驚奇地感到「如此學校、天下所無」。范愛農的行動的確給新校長杜某帶來不少麻煩，加上學生們的群起反對，杜某也終於沒有當成校長，不得不知難而退了。但范愛農的抱負卻更使魯迅引為同道，范愛農曾經想以對科學文明的堅決信仰、去對抗反動的封建愚昧統治，因此他以自費赴日留學時，不走捷徑，不求速成，卻進了功課極為嚴格，即日本學生亦視為畏途的東京物理學校。他想在學到真才實學後去衝擊宗法社會。魯迅在當時是多麼迫切地希望有一些具有新的思想、能「燭幽暗以天光，發國人之內曜（即精神）」的同伴來共同負起精神界之戰士的重任呵！——雖然范愛農還不是最理想的戰友，對文藝也並不感到太大的興趣——在當時仿佛「毫無邊際的、寂寞的荒原」似的故鄉，魯迅卻在范愛農身上依稀「空谷足音」似的得到一些慰借。因此，魯迅和范愛農論交為時不長，相熟不足——年，相處也只有二個多

月，然而，卻把深厚的友情和殷切的期望傾注在范愛農身上，其原因大概在此吧。范愛農之死所以得到魯迅如此深切的悼念，這裏面也多多少少包含著一些「惺惺相惜」的意思在內的。范愛農出身於封建士大夫家庭，祖上原是紹興城外號稱「九漊五祠堂」的皇甫莊大族，但到他出生時，他們的那一族卻早已破敗不堪了。范愛農從小就生活在寒微清貧的境遇裏。緊接著父母相繼喪亡，家境愈益貧困，只依靠了一些祖遺薄田與老祖母相依為命、艱難度日。「這樣，范愛農便成為中國封建社會急遽的崩潰解體過程中所產生的、現代式」的小資產階級知識分子中的一個而出現了。但他並沒有來得及成長和發展，有如「曇花一現」便迅速枯萎了。他落水而死時還不滿三十歲……。促使他「活不下去」的原因自然很複雜，但千言並一語，也無非是一個「脆弱的」封建叛逆者被宗法社會逼得走投無路，終於逃不出這個悲慘的結局。范愛農和當時所有的小資產階級知識分子身受共同的、國破家亡的不幸遭遇，卻落得這樣不同的下場，也自有其本身的因素和弱點在。比如他身上背負著士大夫階級和宗法社會的「過去」，而以不能真正斬斷這「過去」的葛藤：他憎惡士大夫階級的卑劣、醜惡和虛偽，但又始終未能忘情於自己是「書香門第種子」；儘管他的士大夫家庭的敗落、經濟地位的低下，卻並沒有能夠導致他去接近農民。士大夫氣質在他身上具體的表現形式之一是「高傲」。憤世嫉俗的狂狷姿態，有時候固然也是一種反抗，但有時候卻「目空一切」，甚至連勞動人民──這些「真的光明鬥爭的基礎」也沒有放在眼裏。因此他雖然在青年時期，乃至從日本歸國後為躲開官府通緝而在鄉下避難時，都有很

多機會和農民接觸，但他卻並沒有能夠真正呼吸到「小百姓」的清新空氣。這是「范愛農悲劇」中的悲劇，也是他終於只能是一個「脆弱的」而不能是「堅強的」封建社會叛逆者的根本原因。

范愛農也有過他自己美麗的憧憬和「黃金時代」的，他一生中可以稱得上所謂「黃金時代」的日子有過短短的兩度；第一次是他成為徐錫麟的學生、進一步確立革命理想的時期；第二次是他和魯迅同事、企圖一展平生抱負的時期。這兩段時間總起來也沒有超過二年，像「肥皂泡」似的歡樂和理想，碰上無情而殘酷的現實，就很快地都被粉碎了，這於范愛農的悲哀和痛苦是無可排遣的。范愛農最初選擇的是一條勤苦向學的個人奮鬥道路，耿直、高傲使他不屑去「應試」、「學幕」。他很想學一些「聲光化電」等新學，憑藉著這種真才實學，既可促使國家中興，又可恢復祖基舊業。只有在進了徐錫麟當監督的紹興府中學堂時，他才進一步懂得了革命的目的不僅「光復漢族」，還要「建立民國」的道理，他就更加刻苦勤學，深為徐錫麟所賞識。學成，徐錫麟鼓勵他去日本深造。范愛農在沒有官費的情況下，勉力張羅了一筆旅費，終於在1905年冬，隨著徐錫麟東渡赴日了。赴日留學的開始也就是他第一次「黃金時代」的尾聲。徐錫麟等人不久就回國去安徽了，接踵而來的打擊迫使他透不過氣來。首先是經濟上的窘迫，離鄉一年以後，家裏再也沒有力量接濟，眼看將被異邦的學校攆出來了，幸得秋瑾的資助，使他免於在海外貧困流落。正因為他貧窮而非官費、嫉俗而得罪人，因此在留學生中竟有人散佈謠言，污蔑他為「清廷奸細」者。他受不了但又無可奈何。慨歎「人窮幾乎不可有志」，痛心至極，益

形乖癖，不願與人交往，惟仿阮籍「白眼渺人」，聊以洩憤。但是，最嚴重的打擊是徐錫麟和秋瑾的犧牲，這個打擊是范愛農一生中最致命的一擊。恩師良友被戮，失去「知音」之痛，革命受阻之恨，他身受的悲憤是雙重的。縱有滿腹心事，更向誰說？」他只有沉默、沉默、……讓沉默撕裂自己的心。他是得到了祖母逝世的資訊，在海外又衣食不繼的情況下被迫中途輟學、飲恨返國的。當他滿懷悲憤地踏上故國的時候，迎接他的是官府的通緝，因為他是徐錫麟的學生而被牽連在內。雖然有府中學堂學監胡鍾生的力保，證明范「樸實好學，絕無浮囂習氣」；以範「品行測之，決無新詭之語」。但是上下打點，只好花錢賄賂，加上殯葬祖母，就將祖遺薄田全部賣去了，頓時處於一貧如洗的窘境。又因為是新黨，被通緝過的罪犯，連一個糊口的差事都無法找到。他翻譯了一本菊池大農的《平面幾何問題解答》。譯稿寄給商務，一去也無下落。忍氣吞聲去向親友告貸。但遭到勢利的輕視和拒絕。在城裏走投無路，只得躲到鄉下，不得已，入贅於三家村塾師沈堯臣家為子婿，寄人籬下，教幾個蒙童糊口，原來學的一套物理化學全用不上，只能教一些連當年自己都不願學的「詩云子曰」──這是如何的悲哀呵！至此，萬事頹唐、心灰意懶，得錢即沽酒買醉，借酒消愁，故意布衣帛冠，強壓下自己的志氣，放浪於形骸之外，鄰舍譏為「怪人」。1911年春，一個偶然的機會又和魯迅「重遇了，據魯迅追憶，不過二十七、八的人「頭上卻有了白髮」，穿著很舊的布馬褂、破布鞋，顯得很寒素，」（見《范愛農》文中）已經認不出是當年的范愛農了。范愛農是非常迫切地需要一個魯迅這樣的朋友的，回國後長時期的

電影〈魯迅傳〉籌拍親歷記

茕茕孑立，看到魯迅，雖在故鄉，而有「他鄉遇故知」之感。只有在與魯迅相處時，仿佛還能依稀記起自己的已經失去了的「少年豪情」。

於是時相過從，兩人在醉後常談些連魯母聽了也發笑的、愚不可及的瘋話。當有一次范愛農與魯迅、陳子英等老朋友去大雅堂酒樓喝酒，邊喝邊談，各抒己見。當范愛農與陳子英爭辯得不可開交的時候，魯迅卻幽默的、簡短而擊中要害的指出誰是誰非。范愛農這時候往往像小孩子犯了過失被大人發現時似的傻笑著，指著魯迅叫「冷角蚊蟲」（意為又准又痛）。魯迅的感召喚回了范愛農的久被塵封的「赤子之心」。辛亥革命對范愛農是一針強心劑，激起了他埋藏得很深的火花來。魯迅說：范愛農「那笑容是從來沒有見過的。」（見《范愛農》）可是好景不長，辛亥革命就很快地失敗了。陶成章被刺，王金髮蛻化，越鐸日報》分裂，這第二個美夢破得比第一個更快，也更殘酷，對范愛農來說，辛亥革命初期的大興奮正好變成了他脆弱生命中的回光反照，他自己也感到已瀕於絕境而再無轉機的餘地了。因為他沒有魯迅的那種相信生存鬥爭、相信進步、相信將來的「進化論」作為暫時的思想指導，他也沒有像魯迅那樣對中國的社會和歷史進行過深刻的觀察和研究；過去他或者只靠自己的一味蠻幹；或者仰仗溫暖的友情賴以生存……，他缺乏一種明確的理想和信念，因此當他再受阻折時，便只能感到「如此世界，實何生為，……惟死而已，斷無生理。」（見范愛農致魯迅信）一個大雨滂沱的深夜，他直立在菱蕩的水底，終於結束了年輕的生命。在當時清廷「雖然垮臺，而封建僵屍正在改頭換面，重新粉墨登場時，魯

迅的悼詩：獨沉清冷水」是他一生最好的總結。

　　──刊1961午12月26日《光明日報》，曾為中國人民大學選編入教育參考資料

王金髮之死的教訓──電影《魯迅傳》人物瑣談之二

　　《魯迅傳》中以資產階級革命家姿態出現的王金髮，在歷史舞臺上是個傳奇人物，也是個悲劇人物，更確切地說；是一個在辛亥革命時期對推翻滿清王朝起過一定作用的風雲人物。此人以農民暴動起家，二次革命失敗後犧牲，他的一生幾乎是在誣衊和惡罵裏度過的。早年，他是被官紳稱「江洋大盜」、不惜以千金賞格累次通緝而沒有拿獲的要犯；辛亥革命中出任紹興都督，卻又為「文明商人」和「維新紳董」所製造的「輿論」搞得聲名狼藉。終於在「禍紹」的罪名下被擠下了台來；洪憲稱帝前夕，他為袁世凱的走狗槍殺了，當時的報紙上連篇累牘地刊登「喜除一害」而稱快的新聞，紳商新貴們更幸災樂禍的在杭州布業會館大開其「殺王慶死會」……。然而，與此同時，卻還有別一種輿論在；王金髮在浙東的民間傳說中完全是一個豪俠尚義的英雄，當他在逃避官府圍捕的轉移途中見了饑臥垂斃的農民，他就傾囊相助，自己和部下因此竟忍饑終日；當貧農遇上了要捐要糧的公差而無法脫身時，只要說一聲「金髮大哥剛來過……」，如狼如虎的差役便立刻面現土色而溜跑了……。浙東老一輩農民對王的屈死是表示憤恨不平的，而光復會同盟會的舊友更為他寫傳記、刊《行述》，企圖表彰他的英名於死後。當時出版的兩本小冊子；

謝震的《莽男兒》和岑夢樓的《王金髮》，正好代表了對王的「身後是非」或褒或貶的兩種態度。而魯迅對於王金髮，據周建老回憶；直到王最後犧牲時止，魯迅對他是沒有惡感的。」綜覽《魯迅全集》，魯迅在文章中曾多次提及王金髮其人其事，而最顯著的兩處是《朝花夕拾》中的《范愛農》篇和《墳》裏的《論「費厄潑賴」應該緩行》篇。前者簡述了他們之間的接觸和交往，後者則從王金髮被害的遭遇中得出了「不打落水狗是誤人子弟的」的結論。這些文章都寫於王金髮死去整整十年以後，蓋棺論定，魯迅對王的態度基本上是同志式的痛惜，從王金髮的悲劇中，魯迅要我們記取的是慘痛的血的教訓。

王金髮一生中之所以「始」於傳奇、「終」於悲劇，這正是時代的局限和階級的局限在他身上具體表現的結果。而他終於由一個扶弱鋤暴的綠林英雄投身於民族解放洪流，成為民主革命的戰士，這也是反映了當時社會矛盾的急遽深化和革命形勢的發展成熟。自然，特定的家庭環境和出身教養對他也不無影響，比如他原是太平軍將領的後裔，他的祖父（太平天國後期率部駐守寧波的軍官）是在抗清失敗、被迫散隊歸農，隱於嵊縣山深林密的小村董龍崗中悲憤而卒的，王金髮從小就生活在「與異族統治不兩立」的家庭裏。幼年好習槍棒、常去深山練射擊，久之，能雙槍擊落空中飛鳥。他的整個童年和青年時期，正值太平天國革命失敗乃至義和團運動再起的過渡時期，各種會黨所組織和醞釀的農民起義有如洶湧暗潮彌漫全國。王金髮眼看反動統治的橫徵暴斂壓榨農民活不下去時，他便領導他們揭竿而起，在新昌、嵊縣一帶發動了多次抗捐拒稅、劫獄反官的鬥爭。但當他看到如此

壯烈的義和團運動也遭受失敗後，他就離開了山林，秘密潛入紹興城中打算另找新的道路。這時候，他結識了徐錫麟，進大通學堂、加入光復會，被派赴日本學習技擊……。在日本，他開始和魯迅相識，也許出身於草莽大澤間的、帶著一種粗獷豪邁之氣的王金髮比其他知識份子出身的革命家更率野和天真些，因此使魯迅頗有好感。許廣平先生說：「他們原是朋友」（見《民元前的魯迅先生》文中），後來他們在光復後的故鄉又重逢了，王金髮已當了都督，「接見老朋友，委了職務，請魯迅做師範校長」（見喬峰《略講關於魯迅的事情》書中），魯迅也便欣然接受，當時魯迅還曾建議「維持和發展小學教育」，王金髮也即「通令各縣自治會，立予籌辦……」

從日本歸來以後，王金髮傳奇事蹟更增添了革命的光彩。他一會兒在大通學堂當秘密的軍事教練；一會兒僕僕風塵奔走於浙東各地聯絡會黨、傳遞消息、從事著起義的準備工作；一會兒卻又出現在十裏洋場的上海租界身披「一口鍾」大氅，在光天化日之下，雙手發槍擊斃了叛徒後從容逸去。……1907年春，他持徐錫麟密函送交秋瑾，相見之後，秋瑾對他的激勵和「影響使他深切難忘，他寫詩記述這次會見，激動地寫道；莫道丈夫盡豪俠，英雄還讓女兒占。」徐錫麟安徽起事失敗，王金髮化裝進城報警、力勸秋瑾出走，秋瑾未動，旋被捕殉難，王金發依靠農民的掩護才突出官兵重圍，隻身潛赴上海。武昌起義後，王率敢死隊最先攻入杭州，接著又帶兵去紹興，光復了餘姚、諸暨等縣，組軍政府、任都督，在辛亥革命浪潮中他成為東南叱吒一時的風雲人物。

當革命火焰蔓延到大半個中國時，王金髮和其他資產階級革命家一樣，完全浸沉和陶醉在勝利的喜悅中。他在都督府裏興奮地穿上龍袍，自謂「重振漢家官冑」；滿清的旗號隱下了，他認為「革命」已經成功，在《安民告示》中宣稱「光復之願已償、共和之局已定，斷無再有反對之人」，要求人民「邀出軍械」、「不修舊怨」……。有意無意地和高叫「革命軍興、革命黨消，共和國立、革命軍消」的章太炎唱了異曲同工的調子。就這樣，一大批舊官僚、舊士紳得到了換上「革命」制服、從容混入革命陣營的機會，在「咸與維新」的幌子下，前清知府當了「革命」軍政府的民事部長，知府衙門舊人員當了各縣地方長……。因此王金髮上任以後，雖想有所作為，發佈了「免錢糧」、「糶平價米」、「禁煙」、「賑災」等一連串「告示」——縱然這許多「告示」中沒有一紙觸及到封建統治老根；封建土地制度的，但已使隱藏在革命陣營內部的「封建僵屍」不耐了，他們施展出瞞上騙下的祖「傳老法，結「果使王都督「令出不行」，當時，民間流行著這樣的歌謠：同胞同胞、何日吃飽？」都督告示多、日子不好過！」成了對王金髮「德政」的絕大諷刺。王金髮當時辦得最得意也是最失意的案件是逮捕章介眉，王金髮被迫扮演了「捉放曹」中陳宮式的滑稽角色。從捉章到放章的轉折，象徵著王金髮「革命」生涯中開始走向下坡路的轉折。章介眉是殺秋瑾、毀秋墓的謀主之一，王金髮要為秋瑾報仇，出其不意地捉住了章介眉，調集了案卷、請來了秋瑾生前好友參加會審，表示「誓殺章以謝秋俠。」但王金髮正像掌燈舉劍欲殺猶止的陳宮一樣，將章介眉收監月餘卻遲遲第八個五年計下不了手。這時候，

陸軍總長黃興派了參議楊韻琴趕來救援了，在楊參議「曉以大義」後，王金髮終於同意將章釋放，還派了十六名「衛隊「肩輿送歸」，轟轟烈烈的會審也就不了了之。魯迅感慨地說：然而終於將那謀主釋放了，據說是因為已經成了民國，大家不應該再修舊怨罷。但等到二次革命失敗後，王金髮卻被袁世凱的走狗槍決了，與有力的是他所釋放的殺過秋瑾的謀主」。（見全集卷一；第355頁）歷史的發展就是如此無情，當章介眉從囹圄中走出、去北京就任袁世凱的總統府秘書之日，也便是王金髮的下臺之時；紹興軍政府被袁「總統」下令撤銷了。隨著整個資產階級的逐漸變質，王金髮這個風雲人物也便黯然失色，他被「咸與維新的土、洋紳士」和「新進的革命黨」人從奉為「革命勳傑」到控為「殃民禍首」，先後不足三月。他被迫走出越王臺畔的府衙門時，為了抗拒改編，憤而解散了部隊，快快離開紹興，蟄居上海。三十多年後的子孫竟重蹈了當年老祖父的複轍，「資產階級革命英雄依然繞不出無數農民領袖所一再迴圈的悲劇圈子。槍桿子」放下了，他成了「無足之蟹」，二次革命中他雖然高舉反袁大旗、自任浙江討袁軍駐滬總司令，但身邊除了少數心腹外，已無可以作戰的部隊了。派人去浙東招集舊部，企圖在寧波上虞起事，然而鞭長莫及，為時已晚。……後來他竟中了袁世凱的「招安」圈套；奉「命」去浙東安撫舊部，途經杭州時，卻在章介眉、朱端等的安排下送掉了自己的性命，年僅三十三歲。王金髮思想上和行動上的種種缺陷、以及他的整個命運，主要是為中國資產階級的歷史地位所決定和左右的，但其中也有不盡然是時代局限和階級局限所致的的地方；他忘記了中國「即以其人之道，

還治其人之身」的古訓。

因此透過王金髮的血泊，魯迅沉痛地寫道；反動派的「狗性總是不大會改變的，……他對你不『費厄』，你卻對他去『費厄』，結果總是自己吃虧，……反給惡勢力佔便宜」。「對於鬼蜮的慈悲，使它們繁殖起來，而此後……為反抗黑暗計，也就要花費更多更多的氣力和生命。」（見全集卷一，第354——359頁）王金髮的悲慘下場和魯迅的至理名言值得我們回味、值得我們深深地回味。

——刊一九六二年三月十三日《光明日報》

魔怪章介眉一生——電影《魯迅傳》人物瑣談之三

聽說動物中有兩種令人可怕的毒蟲；一種是多節多足、寸斷能行、死而不僵、俗稱「百足之蟲」的蜈蚣；另一種是善於變色偽裝、卻在暗地伺機螫人，將它斬斷後還能負隅頑抗，即使一段斷下的尾巴，如果你稍一大意，被它鑽入耳朵也有致命危險的毒蠍。《魯迅傳》中主要反面人物之一，舊中國最反動、最狡猾、也最屬害的封建宗法社會的代表章介眉，就是一身兼有這兩種毒物特性的結合體，所謂陰魂不散的「封建僵屍」是也。這個名不經傳又是實有其人的角色，原名章思壽、號介眉，是浙江紹興的大地主，清同治貢生，自稱「幼攻經籍、長習典律、幕遊數十年」，先後曾任李鴻章、兩江總督、浙江巡撫的幕僚，是以正途出身資格而傲視儕輩的典型紹興師爺。他在《魯迅傳》中露臉時，已是六十多歲的衰翁，別看他道貌岸然，修長的指甲比鷹爪銳利，透視他的雙手還隱

約顯出累累的血跡，因為在此以前，他所幹的傷天害理、屠殺人民的罪行是擢髮難數的。他所依附的那個階級、家族坑害農民的事實姑且不論，即其本人一生中的幾件犖犖大者也足概其餘了。當太平天國的革命火炬燃遍東南十四省時，章介眉還只是一個「弱冠」的青年，他以品學兼優而由省學政保送進京、入國子監深造，不久，被以勾結洋槍隊屠殺太平軍起家、同時又正醉心於「洋務」的李鴻章垂青了，於是招入幕府、襄辦文牘。此後，他也以幫兇身份出現在撲滅太平軍殘部和撚黨等革命力量的淮軍帷幄內，參與了1868年在山東打散東、西撚軍的反革命戰役，他以農民的鮮血幫李鴻章染紅「頂子」，自己也從此平步青雲了。這個口誦孔孟之道又自命洋務派的偽君子是李鴻章的忠實走狗，但當甲午後洋務運動徹底破產時，他卻早已投到「外放優缺」的兩江總督周玉山門下了。當時江浙一帶經過災荒兵禍和官吏搜刮，農村經濟破壞得相當厲害，到處是「田土荒蕪，彌望白骨黃茅，炊煙斷絕」人民成批餓斃，章介眉卻乘機和總督之子串通，組織了「放米出洋」的走私集團，於是「米價益貴、餓莩益眾」，老百姓憤他「奪民食以飽私囊，爭欲食其肉而寢其皮」的，當義和團朱紅燈部高舉「反清滅洋」旗幟在山東起義時，章介眉正隨周玉山轉任兩廣總督而去廣州，他遙賀淮軍中老同僚袁世凱大殺團民外，唆使周玉山「練兵以防民變、開賭以補軍餉」，大幹縱賭害民，賣差鬻缺的勾當。他是在分贓不勻、派系傾軋中被迫離開廣州的，當時廣西的岑春煊要殺他，端方又驅逐他，他只得回了老家。諺云「狡兔三窟」，章介眉除了故鄉紹興外，又在杭州、上海廣置了住宅、房產、田地，之後就在上海當寓公。這時候，東南各省的革命活動風起雲湧，正處於焦頭爛額的浙

江巡撫張曾忽然發現了他，馬上請去。章介眉一到杭州，正逢上大通黨獄、秋瑾被執，他和立憲預備會湯壽潛、紹興知府貴福共同羅織了陷害秋瑾的冤獄，由於他當時的地位，更成了殺秋的有力謀主。以後，他又慫恿浙撫增韞平毀了西湖邊上的秋瑾墳墓、封閉了秋社、通緝革命黨人陶成章、王金髮等人……。總之，章介眉在《魯迅傳》出場前的作為，如用魯迅的話概括，那便是「獅子似的凶心，兔子的怯弱，狐狸的狡猾……」

辛亥革命爆發，章介眉已經白髮蒼髯、垂垂老矣。雖然他的生命已步向最終階段，然而反動的階級本性是絲毫未變，他之所以悄然離開浙撫衙門，並不想從此絕跡政界，無非驟遇的風暴來勢「迅烈、擔心招，架不住；又況秋瑾的屍骨未寒、與民黨的積怨太深，，好漢不吃眼前虧」這才暫時躲到故鄉蟄居起來。待聽到杭州光復「革命黨雖然進了城，倒還沒有什麼大異樣，（魯迅語）而浙江的「革命」都督竟是湯壽潛時，章介眉也就頓然寬心。這時紹興的新舊士紳卻恐慌得很，他們有的觀望、有的擔心、有的害怕……因為「南北相持不下」而謀害秋瑾的嫌疑者尤栗栗自危。正當一片紊嘈之時，章介眉便出來收拾殘局了，於是一幕光復紹興的活劇在章的導演下粉墨登場，他提議前清知府程贊清當「革命」軍政府的府長，自己則出任掌握紹興軍警大權的治安科長，居然得到浙江都督湯壽潛的承認和加委，這也就是魯迅所說的「到街上去走了一通，滿眼是白旗。然而貌雖如此，內骨子是依舊的」紹興光復經過。然而好景不長，王金髮帶兵來了，章介眉立刻稱病引退，他鑒於「滬杭未寧、四鄉不靖，」還來不及遷避就被王金髮拘捕了「。王金髮是煞費苦心才逮住章介

眉的，這從章介眉的《自述》中也可看出：辛亥年十一月二十五日，紹興軍政府派人持片來邀，稱有要事相商，誘介眉入署。甫至客廳，黃介卿（王金髮部下）出示介硃單……眉詰以原告何人，有何證據？黃介卿不由分說，稱欲槍斃，即呼護兵多人，帶至黑室嚴行關禁」。接著，王金髮便公佈了案卷、邀來革命黨人「陳去病、秋社主任徐寄塵，組織會審。只有到了這個時候，老奸巨猾的章介眉也不免悚然變色，這裏且引一段章介眉的公堂陳詞：秋女士是我最崇拜者，平毀其墓實未預聞，但際此光復之時，毀家紓難理所應當，我願罄我所有、傾家助餉……惟我老夫婦年過六十，家中食指繁多，懇稍留餘貲，以為素食、為子孫讀書，庶不致無立足之地。」這真是最典型的「毒蛇的眼淚」，然而，「無毒不丈夫」，章介眉在放出「毀家紓難」的煙幕同時又埋下日後倒算的伏筆，他立即提出：「以我之見，最妙者將我現銀輸作軍餉，將我房產謀充公益，將我田畝作為秋俠祭產、則我心慰矣，我之不為殺秋俠，平秋墓主動人，亦大白於天下也。」當孫中山的臨時大總統讓位於袁世凱時，王金發就鎩羽下臺，章介眉「捐獻」的產業由袁世凱下令全部壁還。

章介眉從囹圄中出來，家人慶倖他曆劫餘生，按理，他該是終老林泉的時候了。然而章介眉不甘「雌伏」，他等不及為他接風壓驚的酒宴終席，便連夜去北京出任臨時政府的財政部諮詢了。從袁世凱上臺到洪憲稱帝的五年間，章介眉由財政部諮詢而總統府顧問，最後袁總統索性以秘書名義叫他當變相幕僚，這個老牌紹興師爺重又施展了當年幫助李鴻章草擬一系列賣國條約的本領，成為袁世凱簽訂賣國的「二十一條」的得力幫手；在袁世

凱祭天、祀孔的大典中，更是他大獻身手的好場合。躊躇滿志之餘，章介眉也沒有放過他的「對頭」——革命黨人，他更沒有忘情於充作軍餉的白花花的洋錢，他利用身份直接投狀內務部控告王金髮等人，開具失單行文紹興府署要求一一追回，他在《公訴狀》內得意忘形的寫道：「前次開具清摺，傾家助餉者，徒以生死攸關，介眉不得不暫顧生命耳。」這個卑劣、醜惡、虛偽的傢伙終於假手浙江都督、袁世凱的另一條走狗朱瑞殺王金髮、姚勇忱等人。

「長夜難明赤縣天，百年魔怪舞翩躚」，舊中國「魔怪」化身之一的章介眉，從1866年參加李鴻章鎮壓太平軍的血腥屠殺開始，到1916年幫助袁世凱籌畫洪憲登極的復辟大典為止，他蹁躚起舞足足五十年，其間，他時而窮兇極惡、面目猙獰；時而笑裏藏刀、妖冶惑人；時而躺下詐死、伺機再起；而最厲害的一招是利用革命黨的弱點，鑽進內部使革命歸於失敗，然後大批殺人……。總之，其變化多端和詭異巧妙的手法確使傳說中的魔怪相形見拙，因此魯迅在向它們幾度戰鬥以後，深切地感到面對如此頑強的反動派必須認真對待，他說；對於舊社會和舊勢力的鬥爭，必須堅決，持久不斷，而且注重實力……還要『韌』。」（見全集卷四第184頁）然而，時代畢竟不同了，章介眉儘管跋扈，已經「夕陽無限好，只是近黃昏。」袁世凱的皇帝寶座終於被人民摧毀，章介眉最後的一個靠山倒了，他只得移到冷落的大荔會館，煢煢孑立、形影相弔」，不勝寂寞之至。

在1916年10月6日他忽然異想天開、不惜「移樽就教」地去紹興會館拜訪他的「對頭」魯迅，（見《日記》上冊232頁）想

是耐不住寂寞，還思作一番垂死掙扎吧。但是，1919年5月4日天安門廣場上青年學生的怒吼，宣告了以無產階級為領導的新民主主義革命的開始，章介眉只好懷著永遠的遺恨無可奈何地進了墳墓。

——刊於1962年4月3日《光明日報》

　　藍馬的李大釗、石羽的胡適準備和我合作續寫《人物瑣談》之四、之五，因回北京「待命」沒有再來上海而未寫。

　　令我難忘的是至今健在的于是之，當年和我很友好，我們同去紹興，他為我寫了《紹興記趣》。原文如下：

　　「蘇州沈生者，舍于龍山之麓，方夜讀，聞窗外颯颯有聲，疑是有鬼，於是以手撫胸，連呼勿怕不已。啟戶視之，廼蘭馬、謝添二公以人扮鬼，惡作劇耳，沈生乃大藐視焉。」于是之手稿如下：

第三類：奉命發表電影《魯迅傳》史實調查

　　為了吸取電影《宋景詩》「研究工作遲於創作工作」的教訓，丁一書記還要我整理發表電影《魯迅傳》有關史實的調查報告。我以「《魯迅傳》採訪札記」發表了近百篇長短文章。選錄四篇，以見一斑。

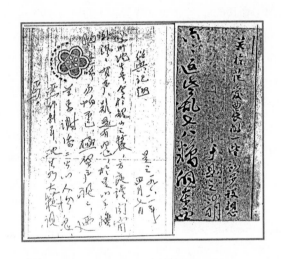

　　以上選錄的拙文四篇，都是五十年前的舊作。（原文照登，以存其真。）當時年少，氣蓋如雲，正是初生之犢，不知天高地厚。今日視之，有如幼稚園的描紅、小學生的習作。雖然幼稚，但事事有依據、件件有出處，決無絲毫誇飾。正似為《資治通鑒》作注的前賢胡三省先生所說：「前注之失，吾知之；我注之失，吾不能知也。」後來的研究成果超過了我早年的「愚者一

得」，以二十一世紀的研究水平糾正我半個世紀前的失誤，「長江後浪推前浪」，是學術研究的自然規律。值得欣慰的，當年發表拙文的報刊，都是「世界名牌」。四篇拙文的出處是中央級的《人民日報》和《光明日報》；上海市委的《解放日報》；上海社聯的《學術月刊》；上海作協的《上海文學》和知名度極高的《羊城晚報》——馮乃超前輩1978年在《新文學史料》第一輯發表《魯迅與創造社》，文中寫道：

「沈鵬年在1962年《上海文學》第七期上，發表了《魯迅和創造社交往的兩點史實》一文，在文藝界流傳著較多的各色各樣的批評創造社的文章時，竟出現了這篇描寫魯迅與創造社之間的關係較為本質的文章，是難能可貴的。」（又見《馮乃超文集》）

現在的讀者可能不瞭解的「秘聞」，就是唐弢授意而罵了我二十多年的陳漱渝先生，在1980年和張鐵榮先生聯名發表《關於魯迅廣州時期的研究》，認為拙文「使人耳目為之一新」。原文如下：

「彌補了這一缺陷的，是上海電影局、天馬電影製片廠成立的《魯迅》電影文學劇本創作組。一九六〇年四、五月間，該創作組的資料人員，三次訪問了魯迅在廣州期間曾任中共中山大學總支書記兼文科支部書記並直接跟魯迅聯繫過的徐文雅（現名徐彬如），同時還訪問了韓托夫、歐陽山、蘇怡等知情人，集中瞭解了一九二七年廣州的階級鬥爭形勢、特別是魯迅與黨組織接觸的情況。一九六一年，沈鵬年將上述老同志的回憶材料整理成文，連載於同年九月二十一日、二十二日的《光明日報》，題為《魯迅在廣州時期的若干史實》。全文分為三大部分：一，魯迅

赴粵因緣——黨的推薦；二、圍繞『歡迎魯迅』問題上的鬥爭；
三，魯迅和黨的關係。這篇文章的發表，標誌著魯迅廣州時期生
平活動的研究工作取得了重大突破，讀後使人耳目為之一新。」
——這同他誣我「褻瀆了整個魯迅研究隊伍」的不實之詞，判若
兩人。原件複印如下：

　　這就證明了天馬廠黨委丁一書記要我整理發表有關《魯迅
傳》的調查材料，是完全正確的。我從事魯迅資料的研究工作是
嚴肅認真的。同時也說明電影《魯迅傳》雖然因故未能拍成，但
攝製組所進行的資料研究工作，是對「魯迅研究事業」還是有益
的，是得到專家學者肯定的。

第四類：關於擬寫而流產的《魯迅歷史調查記》

　　在《魯迅傳》攝製組，我從事的資料研究，何止為趙丹整理
《創作筆記》、為于是之等整理《人物瑣談》、奉命發表專題調
研的《採訪札記》；還對魯迅生平不少有關史實作過調查研究。

陳白塵前輩要我像他撰述《宋景詩歷史調查記》那樣，也撰述一部《魯迅歷史調查記》。葉以群前輩在《魯迅傳》攝製組1962年12月正式解散以後，向丁一要求調我去「作協」文學研究所，完成《魯迅歷史調查記》一書的撰述，但陳鯉庭堅決不放，丁一無法應允……。

① 《魯迅傳》攝製組解散後對我的新任命

《上海電影志》記載：電影《魯迅傳》「後報請中共中央宣傳部同意，決定暫停投產。」（見該書第68頁）

《魯迅傳》攝製組在1962年12月正式解散。

天馬廠1963－1964年的影片攝製計畫中因此沒有安排《魯迅傳》。周恩來總理對此表示惋惜。1963年4月25日，周恩來總理來上海參加政治局會議的休息時，打電話問張瑞芳：

「趙丹到哪裡去了？……《魯迅傳》還搞不搞啦？」

張瑞芳說「導演陳鯉庭『還』在醫院裏。趙丹在思想裏暫時把它（《魯迅傳》）丟開了。（上影——天馬廠的）生產計畫中今年（1963年）也沒有安排。」——這就證明1963年不可能再有《魯迅傳》攝製組了。

——《魯迅傳》「決定暫停投產」、「生產計畫中1963年也沒有安排」——我這個從事「魯迅研究」的專職幹部，在電影廠裏幹什麼呢？陳鯉庭留我在天馬廠當他的秘書，我不同意。廠黨委研究決定：天馬廠「因人設事」為我專門設立「資料組」，任命我為「天馬電影製片廠資料組組長」。有1963年1月1日發的「服務證」為證。原件如下：

　　資料組實際上只我一人，負責管理天馬廠建廠以來已攝、在攝的影片藝術檔案；凡是中央、市委等領導來審查樣片、發表意見時，由我在場負責記錄、歸檔。同時兼「導演室秘書」，辦公樓二樓提供三間辦公室，一間辦公專用；二間安排大、小八隻沙發，每週六，導演來學習之用。當時天馬廠的老導演有應雲衛、陳西禾、湯曉丹、顧而已、桑弧、謝晉、楊小仲、傅超武、舒適、丁然、趙明、張天賜、高衡、衛禹平、徐昌霖、葉明、俞仲英、殷子、賀路、葛鑫、湯化達（葛、湯兩位後提升為天馬、海燕兩廠的常務副廠長）等；作曲黃准、寄明、向異、蕭珩等共三十餘人。每星期六，由學習組正副組長湯化達、葛鑫主持，我負責記錄。

②以群指導下的《魯迅歷史調查記》擬目

　　丁一同意我整理寫作《魯迅歷史調查記》。我在葉以群的指導下，《魯迅歷史調查記》除已經整理發表的幾十篇文章外，擬出這樣一些內容：

　　關於魯迅與李大釗、陳獨秀的交往；

魯迅北大學生及未名社的青年共產黨人（如任國楨、王青士、趙赤坪等）；

　　魯迅在紹興會館抄古碑的真相；

　　魯迅為胡適審定《嘗試集》、胡適向魯迅提供小說研究史料的交往；

　　東吉祥胡同「正人君子」及《現代評論》派的秘密黨員、進步學者（如陳翰笙、丁西林、李四光、錢鍾書等）；

　　魯迅與施蟄存《莊子》、《文選》之爭的起因和發展；

　　北京學界「某籍某系」——留日派與留歐美派的派繫之爭真相；

　　周揚「深居簡出」、魯迅斥為「奴隸總管」的歷史背景考；

　　從廚川白村、托洛茨基、普列哈諾夫到盧那察爾斯基——魯迅學習馬列主義的歷程……。

　　這些題目，都是葉以群和我反覆商討後擬訂的。我們是全心全意想為「魯迅研究事業」作奉獻。為此圍繞這些題目，收集了不少材料，試舉「魯迅在紹興會館抄古碑的真相」為例，作一些簡介：

③對「魯迅抄古碑真相」的研究準備工作

　　首先我要衷心感謝許廣平、陸澹安兩位前輩給我的幫助和支持。

　　許廣平先生向我提供了魯迅先生早年所抄錄古碑的全部內容。光是目錄，我抄錄了四本。我當年寫此篇的起因是：

　　陳白塵在電影文學劇本《魯迅》上集中寫道：

　　「……在補樹書屋裏，……魯迅默默地……翻著買來的書。……案頭上疊疊著魯迅親手輯錄的《嵇康集》、《謝承後漢

書》等稿本和一大堆手鈔的碑文。……

魯迅痛苦地壓制著感情，又說：『這一場革命的夢，今天醒透了！……』

魯迅悲涼地說：『……當一個夢醒了之後，卻又感到無路可走，這是如何寂寞悲哀的事啊！……我已經為自己找到一種生活下去的方法了。』他把手按在一堆碑刻拓本上。

魯迅在昏黃的燈光下鈔碑。」

——魯迅究竟鈔些什麼「碑」呢？

許廣平先生保存了魯迅先生親鈔《碑錄》2包、計1743頁，朝代自漢至唐，而以漢碑占一半。我抄了碑碣目錄三本（碑碣、造象、墓誌各一本）。

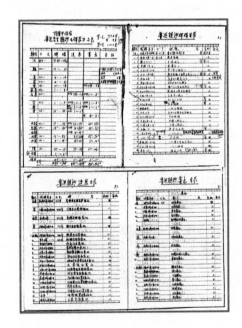

魯迅先生親手鈔的1743頁《碑錄》屬國家的一級文物。我親見又同時把目錄抄下來，已是眼福不淺、非常幸運了。要進一步研究，即使到西安「碑林」及其他博物館按照目錄查看原碑，又談何容易。就算看到了原碑原文，這些篆隸古文，淺薄如我，如何識得？何況碑石經過一千多年自然風化，漫爛缺失，字跡不全，要辨識更加難上加難。

④陸澹安先生指導我研究古碑概況

更為幸運的，我的同鄉前賢、陸澹安世伯給了我無私而巨大的幫助。

陸澹安（1894－1980）江蘇吳縣洞庭東山人，原名衍文，別署幸翁、何心、瓊華館主。他是著名的國學大師、金石碑版專家。他編纂的工具書《小說詞語彙釋》、《戲曲詞語彙釋》馳譽海內外。碑版文字考據有《隸釋隸續補正》、《漢碑通假異體釋例》、《漢碑考》。先秦諸子百家著作研究有《群經異話》、《左話補正》、《諸子末議》。中國古典小說考證有《水滸研究》、《紅樓夢抉談》、《紅樓夢回目考》、《三國演義研究》。他又是現代第一個將流行小說《啼笑因緣》、《秋海棠》改編成彈詞的評彈作家。並編著了評彈工具書《彈詞韻》。用文言、白話創作了許多愛國仗義的武俠小說和偵探小說。他又是教育家，創辦了大經中學並任教務主任、正始中學校長。歷任同濟大學、上海商學院、上海醫學院等大學教授。在上海著名的務本、國華、民立等中學任國文教師，服務教育界四十多年，門生桃李滿天下。他又是世界書局、廣益書局的編輯，主編過《金鋼

鑽報》等報刊。又在中華電影公司、新華影片公司任電影編劇和導演。他與洪深一起創辦「電影講習班」，上世紀三十年代的「電影皇后」胡蝶最初就是這個講習班培訓的。

尤為可貴的，是他的愛國抗日的民族氣節和是非分明的正義立場。

上海淪陷後，他盡力資助共產黨、國民黨的地下工作者。抗戰勝利後，他對國民黨的腐敗，寫詩諷刺：「可憐門外風如虎，猶有饑民幾萬千。」

上海一解放，他立即將負責的法華路香花橋正始中學校舍獻給人民政府，陳毅市長在正始中學開設了「中共上海市委黨校」；他又將上海商學院及大禮堂提供給人民政府，開辦了多期「幹部學習班」——解放初期我先後在那裏學習過。

上海市的黨、政領導多次聘請陸澹安為「上海文史館」任館員，他婉辭榮譽職稱，卻義務地積極地為黨和政府做了許多工作。1954年陳毅市長以外交部長的身份隨周恩來總理參加日內瓦會議。遇到了當時在聯合國工作的陸澹安的女兒陸祖芬，陳毅外長向陸祖芬表示了他對陸澹安解放後工作的讚賞。

當文藝界在「左」的思潮影響下，把陸澹安當作「鴛鴦蝴蝶派」批判對象時，他寫詩自嘲：

> 蠻觸爭雄已可憐，漫勞箕豆更相煎。
> 即今高處寒難禁，願作鴛鴦不羨仙。
> 劫後神仙不值錢，劉家雞犬盡升天。
> 何如幻夢成蝴蝶，消受莊生一覺眠。

我非常歡喜陸老的這首自嘲，他應我之請，寫贈給我，並加
跋語云：

「此余十年前戲作也。鵬年囑為錄入扉葉，因率書付之。
癸丑　十月　幸翁　印」（原件如下）

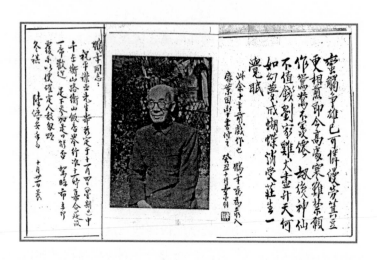

當時，為了研究學問，我經常和陸澹安、平襟亞、鄭逸梅、
唐大郎、周鍊霞等前輩聚談會晤。並定期在新雅、衡山、東風等
處會餐。

1966年「文革」爆發，陳伯達進《人民日報》奪權後發表社
論《橫掃一切牛鬼蛇神》，紅衛兵、造反派「打、砸、搶、燒、
殺」，肆無其忌憚。陸老寫詩《無題》云：

窮兇極惡類瘋魔，無理無情奈若何？
身在萬牲園裏住，當然人少畜生多。

…………

　　春江月白水紋清，徒倚橋頭感慨深。
　　四野犬聲人跡靜，不堪惆悵到天明。

　　由於陸老的女兒陸祖芬在聯合國總部升任要職，「文革」中作為「保護」對象，未受衝擊。他閉門在家著書立說，不領取任何單位工資，保持清清白白的自由之身，因此家中數千冊珍貴古籍未遭劫火。當我談及魯迅先生早年抄古碑數百種一千多頁，想進一步研究，苦於不得其門而入……。

　　平襟亞先生說：眼前有現成的老法師，何不拜師求教……。

　　這真是平生可遇不可求的一種緣份──我研究魯迅早年鈔碑的課題有了一位最好的領路人。陸老正是我國屈指可數的「漢碑」考據權威。證據如下：

　　陸老說：現存漢碑，分為原拓、珂羅版（即照相版）影印兩種版本。原拓本又分原石整幅拓本、原拓剪裱本；影印本又分

整幅影印、剪裱影印。歷代收集碑碣拓本，以原拓整幅最名貴，但也有贗品。外行不精此道，容易上當。故俗稱「黑老虎」。陸老幫助我掌握這一門的基本知識，特把這四類漢碑的細目抄示給我。（陸老的親筆手跡如下）

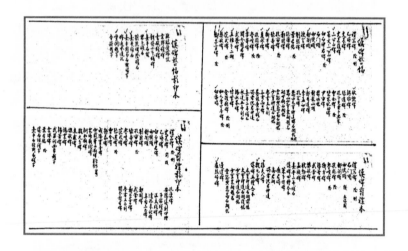

最使我感激的，陸老把他《漢碑通假異體釋例》和《漢碑考》部份草稿副本贈我作為初學入門的教材，給我講解了每種碑的類別、背景、性質、內容等方面，使我對漢代社會有了膚淺的初步認識。——可惜「文革」狂飆衝擊了我，使我無法潛心聽陸師的教誨，是我最大的遺憾。

而我的導師葉以群被張春橋逼迫而死，更是我受到的最大打擊。以致這個課題只得半途而止。

現將陸老恩賜的手跡，印入本書，作為對葉、陸兩師的永恆紀念。

一、魯迅先生早年最初鈔錄的漢碑：

二、魯迅先生最為重視的漢碑

　　——從中研究漢代的典章制度：如《校官碑》、《禮器碑》等。

三、魯迅先生重視的漢碑

——從中瞭解漢代的交通情況，如《郙閣頌》、《開通碑》等。

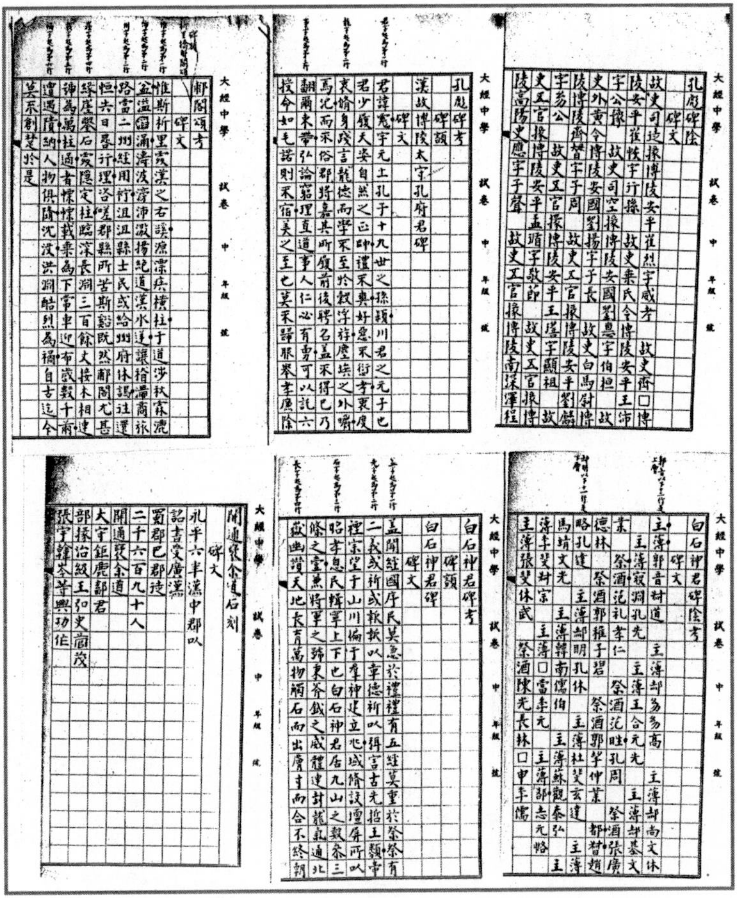

四、魯迅先生重視的漢碑

——從中瞭解水利、交通、吏治、民生等情況的《石門頌》、《西狹頌》、《曹全碑》、《張遷碑》、《乙瑛碑》。

五、魯迅先生重視的漢碑

——有漢代敦煌西域、益州北海、孔丘後裔、尹氏變遷等情況

當時機遇，有似「神」助。時不我待，突罹浩劫。以群師不幸殉難，我遭打擊，無法再親澹安世伯謦欬，坐失良機，天乎命乎！環顧當世，天涯何處尋我良師，助成宿願？悠悠蒼穹，竭其有亟，嗚呼痛哉！

第九章　攝製組無奈解散、
　　　　《魯迅傳》餘波仍湧

　　夏衍前輩在《懶尋舊夢錄‧自序》寫道：

　　「記事離不開論人，這就還有一個該不該『為尊者諱』、『為親者諱』的問題。……明知其有，而加以隱諱，也就是失真。……因此，我認為諱言這一類事，對含冤去世的故人是不公道的。」（見2000年9月三聯書店出版《懶尋舊夢錄》第6－7頁）

　　《上海電影志》明確記載：電影《魯迅傳》之所以「決定暫停投產」，未能如期攝製，是「由於對劇本的意見無法統一」。

　　根據歷史文件、原始記錄、客觀事實，「對劇本的意見無法統一」的當事人，就是導演與編劇「對劇本的意見無法統一」。為此，創作過程中出現「一波三折」。這是客觀存在的歷史事實。

一、魯耕說：「陳鯉庭不賣我的賬，所以我不敢碰」。

「記事離不開論人」，具體而言就是導演陳鯉庭與編劇陳白塵、葉以群，包括夏衍之間「對劇本的意見無法統一」。甚至鬧出了一場夏衍修改劇本的創作糾紛。鬧到中宣部調解。

定稿以後又導致陳鯉庭與趙丹之間「對劇本的意見無法統一」而爭吵得不可開交。從北京西頤賓館一直吵到上海政協的文化俱樂部。兩人在公開場所大「吵架」，確實不同凡響。——有天馬廠黨委副書記兼《魯迅傳》攝製組黨支部書記魯耕1967年6月13日的「亮相檢查」為證。原件如下：

> "魯迅"組原是周克同志兼支部书記，周克同志調走以后，我兼了一个期間支部书記。这个组的陳鯉庭、赵丹等在北京时，搞得烏烟瘴气为吵、住等吵架，鬧不團結，影响很坏。为此，我曾企图开会经他們面对面的展开批評。但后来我沒致这样做，我当时想，赵丹是天字第一号人物，陳鯉庭是厂长高知，搞不好問題就更大了，而且他們也不买我的賬，所以我沒敢碰。只是召开了一次支部会議我比較委婉的劝說赵丹不要同陳鯉庭吵架，不要学生活待遇、鬧不團結、以免影响不好。根本沒敢进行批評。
>
> 魯 耕
>
> 一九六七年六月十三日

魯耕寫道：

「《魯迅》攝製組……我兼了一個期間支部書記。這個組的陳鯉庭、趙丹等在北京時，搞得霧煙瘴氣，為吃、住等吵架（按：實際上是為劇本定稿問題吵架）鬧不團結，影響很壞。為此，我曾企圖開會要他們面對面的展開批評。但後來沒敢這樣做，我當時想，趙丹是天字第一號人物，陳鯉庭是廠長、高知，搞不好問題就大了，而且他們也不買我的賬，所以我沒敢碰。只是召開了一次支部會議，我比較彎（婉）轉的勸說趙丹不要同陳鯉庭吵架，不要爭生活待遇、鬧不團結，以免影響不好。根本沒敢進行批評。」

我是這次支部會議的參加者、也是會議的記錄人。陳鯉庭和湯麗絢都不是黨員，沒有參加會議。根據當時的記錄：

當魯耕婉轉勸說趙丹不要同陳鯉庭吵架，不要爭生活待遇時，趙丹立刻責問：「誰說我同陳鯉庭爭生活待遇？我的工資級別是文藝一級，陳鯉庭是文藝二級。有什麼好爭的？我在攝製組裏爭過什麼待遇？這是對我的誣衊！……」魯耕立即向趙丹打招呼，說「這是湯麗絢搞錯了」，表示歉意。趙丹一再申明，是「為了要演戲」，「不是爭生活待遇」。趙丹要求「黨委督促陳鯉庭把分鏡頭本寫出來」。還說「老是去圖書館翻舊報刊是翻不出銀幕形象的」。趙丹認為「魯迅的靈魂在《魯迅全集》中，但《魯迅全集》不等於銀幕形象。這些道理鯉庭都懂，究竟為什麼？實在不明白。」趙丹最後表示：「為了不再同陳鯉庭吵

架，我暫時回海燕廠。等分鏡頭本出來，我隨叫隨到，保證演好戲……。」

副導演夏天的編制也是海燕廠的，對天馬廠廠長陳鯉庭無所顧忌，他拿出《魯迅傳》三稿的《場景表》，對魯耕說：

「白塵的三稿出來，大家以為可以定稿了。有些問題，完全可以在分鏡頭解決。我們導演組研究後，編寫了《場景表》。整個劇本四章，第一章我們分成9場83景；第二章分成10場80景；第三章分成11場76景；第四章分成10場45景。四章共分為40場、284景。印出來供導演分鏡頭參考。導演看不中，棄置一旁。現在白塵的五稿出來，局、廠都表示可以定稿了，但鯉庭還是不滿意。我們也不願再編《場景表》搞無效勞動了。我這個副導演分工負責群眾場面：紹興城歡迎王金發軍隊；五四運動天安門大會；三一八學生遊行示威……。我的案頭工作早已準備好了，等導演分鏡頭本出來再核對修正就行了。現在這裏沒有事，跑徐家匯藏書樓翻舊報刊不是我的職責，我也暫回海燕廠待命，免得和鯉庭發生爭論……。」

這次支部會議的結論，是「目前形勢很好，北京開過七千人大會，又開了廣州會議，時機很好，要抓緊拍攝，萬事俱備，只欠東風。東風就是導演寫出分鏡頭本──鯉庭對劇本有不同意見，中央和市委已授權給他：他有權可以在分鏡頭解決。

趙丹和夏天回海燕廠「待命」。督促陳鯉庭寫分鏡頭本的責任落在魯耕身上。但是，正像魯耕自己所說：陳鯉庭「不買我的賬，所以我沒敢碰。」對陳鯉庭「按兵不動」的「拖拉作風」──「根本沒敢進行批評」。

二、趙丹遺憾「《魯迅傳》幾起幾落，不了了之，再也沒有開拍。」

趙丹在自傳《地獄之門》中的話是耐人尋味的。原件如下：

趙丹寫道：

「從上海電影製片廠成立《魯迅傳》攝製組（籌）起，我曾幾度鬍子留了又剃，剃了又留，還常常穿著魯迅的服裝，吸著煙，模仿人物的形態，可是卻終究未能拍成。我以20年的藝術年華迷醉飾演魯迅，終於成了深深的遺憾。

《魯迅傳》幾起幾落，不了了之，再也沒有開拍。19年前（1961年）正式成立《魯迅傳》攝製組，卻莫名其妙地加上一個括弧裏的『（籌）』字，這一『（籌）』就永遠『（籌）』下去了，變成『問君能有幾多愁』的『愁』

字。籌呵、愁呵、籌呵、愁！真是欲說還休！」（見該書第186頁）

天馬廠黨委書記要我整理發表有關電影《魯迅傳》的調查報告，無非向廣大讀者宣佈：上影籌備《魯迅傳》的攝製組及其資料組都是認真的、努力工作的。除了有《魯迅及有關史實年表》、《魯迅傳創作組訪談記錄》和在《人民文學》、《電影創作》、上海文藝出版社出版的《魯迅》單行本外，還有近百篇《採訪札記》為證。電影《魯迅傳》之所以功敗垂成，彷彿法國歷史上的「滑鐵盧」戰役，大將格魯西的失誤導致拿破崙的一敗塗地。陳鯉庭的因病住院、坐失良機，何其「相似乃爾」?!海燕廠的導演鄭君里一年拍攝兩部重點獻禮影片；天馬廠的導演陳鯉庭在上影接到任務，欲「拍」還休，坐失時機，在上影廠六十年沒有拍成一部故事片，也是耐人尋味的。

三、始終關懷我的是長者葉以群

最使我感激的，是始終關懷我的長者葉以群前輩。

當創作組的掛名編劇唐弢對我調查整理的《魯迅在廣州時期的若干史實》事先沒有請他「審閱」而對我大有微詞、並在「文學研究所」指責拙文「孤證不立」時，他立即以創作組組長的身份從學術角度上寫了《魯迅在廣州》，以魯迅著作印證拙文中的調查材料，從而加強了拙文的可信度，發表在權威性的《文藝報》上，對我予以聲援。唐弢也就默爾而息了。原件如下：

　　當天馬廠廠長陳鯉庭為了因《民報》上拍了三張照片而一再要黨委「整」我，丁一與以群聯繫，說「陳鯉庭向黨委提了多次，黨委感到很為難……」。

　　以群前輩找我談話，說陳是「通天」的，「千萬不要惹他。等運動過後調我去作協文學研究所……。現在只能忍辱負重，不要頂撞……。」

四、我和導演陳鯉庭沒有個人恩怨

　　這就涉及我與陳鯉庭在《魯迅傳》組內的恩怨問題。事實上，我對陳鯉庭也有一個認識過程。

　　市委宣傳部在1960年初從長寧區委借調我去《魯迅傳》創作組前，我與陳鯉庭從未謀面、素不相識，談不上什麼絲毫的個人恩怨。

到了《魯迅傳》創作組，經組長葉以群介紹，開始與陳鯉庭相識。我從1960年至1961年的兩年間，是借調，工資和生活待遇等供給關係在原單位長寧區委，我為《魯迅傳》組工作是「義務性質」，沒有領取分文報酬。因此，陳鯉庭雖然是天馬廠的廠長，同我也沒有什麼個人的利害關係。

　　我到了《魯迅傳》創作組，名義上是負責資料兼創作組的秘書工作，但組織上明確：我的工作只對組長葉以群負責。定期向葉以群彙報、聽取指示。

　　1960年12月《魯迅傳》攝製組成立，我由於編著《魯迅及有關史實年表》供編劇參考，受到夏衍、以群推重，因此成為攝製組的組成人員之一。

　　據導演助手兼製片員湯麗絢在揭發陳鯉庭的書面材料中，提到「陳鯉庭千方百計要把沈鵬年調到天馬電影製片廠」的原由。原件如下：

湯麗絢的書面材料中寫道：

「《魯迅傳》組成之前，楊仁聲就『指示』要《魯迅傳》拍好影片以外，要積累些資料，總結些經驗。陳鯉庭就以參觀蘇修和東歐國家電影廠的東西為張本，說什麼莫斯科電影製片廠有什麼『高爾基的資料室』、『托爾斯泰的資料室』等等，我們通過《魯迅傳》要搞出一個『魯迅的資料室』。為此千方百計要把沈鵬年調到天馬電影製片廠。廠黨委為了滿足陳鯉庭的要求，以孫繼成對換的條件，把沈鵬年調來我廠。（按：沈鵬年早在1958年就編著出版40萬字的《魯迅研究資料編目》一書。）

沈鵬年初來時，陳白塵、陳鯉庭等人為了編劇便於參照歷史背景，就讓沈鵬年編了一份年表，這份年表本來作為創作人員參考之用，油印的亦就可以了。但是陳嫌油印不行，要鉛印。鉛印打出清樣以後，葉以群又修改了一番，重新排版、印刷。還做了紙版，打算將來大量印刷，一共花了二千多元。」

由此可知，當初陳鯉庭之所以「千方百計要把沈鵬年調到天馬廠」，是由於工作需要、「因才使用」。市委宣傳部對我的「工作調令」明確規定：拍攝《魯迅傳》期間沈在電影廠工作；俟影片拍攝完成，沈另調至「作協」文學研究所工作。──作為共產黨員，我聽從組織安排。與陳鯉庭純屬工作關係。

1960年下半年，藍馬、于藍、石羽、謝添、于是之等外請演員來到上海，住在淮海路150號電影局招待所。局黨委書記楊仁聲和創作組組長葉以群同我商量，為了演員學習魯迅著作參考需要，臨時辦一間資料室，地點在招待所旁的汽車間樓上。有關魯

迅著作等參考書向我家的藏書借用，有電影局資料室和葉以群蓋
印的公函為證。

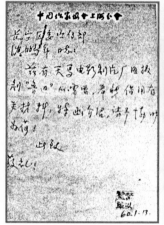

　　臨時借來二隻木架子，放了有關魯迅的參考書供演員借閱。
下面的照片，是謝添、于是之借閱圖書時所攝。

陳白塵來到上海，住錦江飯店構思劇本。他看了拙著《魯迅研究資料編目》中有關魯迅的各種圖片資料，給我寫信，託以群轉交給我。原件如下：

　　這就證明：我在《魯迅傳》從創作組到攝製組，不但沒日沒夜地努力工作；而且把自己多年收藏的有關魯迅著作等資料，亦無償無私地奉獻出來，我的目的和動機，是想在我國的銀幕上早日出現魯迅先生光輝的藝術形象。

　　創作組組長葉以群、編劇執筆陳白塵、負責劇本下集的執筆者杜宣和柯靈，都是全身心地投入創作活動。攝製組的副導演夏天和衛禹平，主要演員趙丹、于藍、藍馬、石羽、謝添、于是之等著名表演藝術家；美術師池寧等工作人員也是認真投入創作，提前編寫《場景表》、《人物造型圖》、主要角色的設計等。導演卻提出這樣那樣的要求，要大家到徐家匯藏書樓，從辛亥革命前後和民國初

建時期的舊報刊上去「深入生活」、「體驗時代氣息」……。

導演助手湯麗絢在揭發陳鯉庭的書面材料所寫：

「陳鯉庭認為搞現代題材的影片，要多下生活；搞歷史傳記片，應該多讀資料。當一開始演員集中時，就讓演員和創作人員看資料。還發動演員和創作人員到藏書樓、上海圖書館等去看資料。後期（即在五稿以後）只剩下幾個工作人員時（即主演趙丹、副導演夏天和衛禹平、製片員湯麗絢、資料組長沈鵬年）還讓他們去圖書館找資料。這些資料都是找些當時不同階層的人談論的中心是什麼？定期向他彙報。凡是陳鯉庭認為好的，抄出全文，或拍了照片讓陳鯉庭實行『卡片編劇法』……。」原件如下：

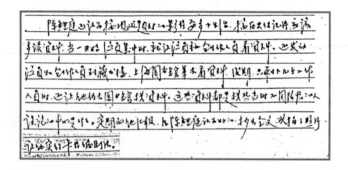

五、對導演陳鯉庭從尊敬到反感

我對「電影導演」這一行完全是一無所知的外行。開始時感到新奇。但這些名演員都在舞臺或銀幕上演出過歷史劇的古裝戲，對

這種「卡片編劇法」的做法不以為然，紛紛議論，發牢騷。有的說「這完全是好萊塢的那一套獵奇編劇法」；有的說「天天泡在舊報紙中吸灰塵，要生肺病的……」。藉口呼吸新鮮空氣，都到郊區土山灣欣賞田野風光（現在都變成高樓大廈的城市了）。

當陳白塵的「三稿」出來，大家認為可以定稿分鏡頭了。整個攝製組熱氣騰騰準備開拍時，陳鯉庭卻提出「劇本結尾有問題」，「要將1927年魯迅在廣州延長到1930年在上海成立『左聯』時期」。——當這個意見遭到葉以群、陳白塵、杜宣、柯靈等編劇一致反對時；他又提出要把上集分為二部戲拍攝，就是從辛亥革命到五卅運動為上集；再從三一八到「左聯」成立為中部。這個意見不僅創作組不同意，連夏衍代表文化部也表示反對。於是他以廠長身份宣佈攝製工作暫停，主要演員去杭州、紹興下生活；他自己則到中宣部找林默涵，反映「陳白塵技窮了，劇本改不下去了，要求新的『高手』來重新編劇……。」——這樣我開始對陳鯉庭有看法了，當時我想：畢竟是「黨外人士」，對中央和市委「交辦」的創作任務視同兒戲？

當市委和中央同意延遲「投產」，請主管電影的文化部副部長夏衍修改劇本。上海派出導演陳鯉庭、主演趙丹、副導演夏天和負責資料工作的沈鵬年去北京協助夏衍劇本修改工作，在中央組織部翠明莊（原清代王爺的別墅，面積有半個恭王府）招待所住了二個多月，近距離同這些電影界名人生活在一起。周恩來總理批准夏衍創作假，脫產住進翠明莊改寫劇本，我有幸為夏公搞資料和他同吃同住了近一個月（有時晚上回家）。親眼看到夏公為核實歷史事件、查對有關資料、殫心竭慮，抱病改寫劇本，受

到很大教益。

不料，陳鯉庭看到他提出的意見，夏公吸收了一部份，沒有全部吸收，便在第二天（8月9日）通知夏部長：「要從長計議，不能定稿，不能作為拍攝的依據……」。我當時在場，感到很吃驚，他口口聲聲「創作民主」，但對於夏公的創作勞動卻毫不尊重。夏公抱病、忙中抽空、寫了近一個月的劇本修改稿，陳鯉庭不通過創作組、也不請示電影局和市委宣傳部，一天之間就把修改稿全部否定了。

——導演這種作風，不能不引起我思想上的反感。因此，當他口授對五稿工作的意見，要我記錄成文，我就以「不屬資料範圍」而拒絕了。我為求心之所安，導演對我有意見，我也不顧了。這份意見後來由湯麗絢記錄、成文、複寫的。（我向湯麗絢要了一份保存下來）

陳白塵的五稿以後，市委宣傳部和文化部作為「定稿」並「授權」陳鯉庭導演「編寫分鏡頭劇本作為拍攝的依據」時，陳鯉庭卻「我行我素」自搞一套。據湯麗絢在揭發陳鯉庭「搞大量的所謂形象資料、翻印了大量照片……大肆揮霍浪費」的書面材料中寫道：

「《魯迅傳》組在文字資料、形象資料，以至收集服裝道具上這樣大肆揮霍浪費，亦造成了一些漏洞。……當《魯迅傳》劇本修改一時還無法上馬時，《魯迅傳》組還遲遲不肯解散。到陳鯉庭患肝病進醫院後，還要留下三個人的班子為他服務。在人力上造成浪費。」（原件如下）

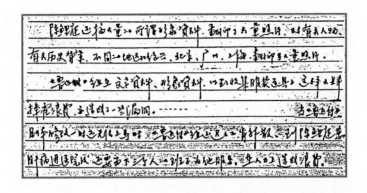

　　這「三個人」就是副導演衛禹平（黨員）、製片員湯麗絢（非黨群眾）和我（黨員）。「為他服務」就是每天去醫院接受陳鯉庭佈置任務，然後去圖書館、藏書樓查找資料。資料主要是從辛亥革命至三十年代的舊報刊。有時候，接受任務後，衛禹平和湯麗絢推託廠裏有事不去，只有我一個人去。陳鯉庭住院休養，分鏡頭本一字未寫；卻對自己解放前的舊著《電影軌範》修訂交北京電影出版社出版，廠內群眾很有意見。

六、翻拍《民報》照片「觸雷」，陳鯉庭狠心「整」我

　　當我在1933年11月的《民報》上看到陳鯉庭被捕的消息；接著在同年12月25、26、27日連續三天刊出《陳鯉庭緊要啟事》，我就認真的抄錄如下：

　　「鯉庭對於中國共產黨素所痛恨。而該黨以藝術為宣傳，使藝術價值喪失淨盡，尤所反對。乃者以純正超然藝術觀點參加戲劇電影等之研究，亦竟被其利用，且因此而被逮捕，殊非始料所

及。竊謂今後欲使藝術重見天日,一面固應嚴防共黨利用,以為宣傳之資;一面尤應發揚光大我中華民族文化,以根本消除其流毒。鯉庭不敏,此後當本此目標,全力以赴,少盡國民之天責。特此聲明。」

　　——抄錄以後,我震驚萬分。我想自己是共產黨員,竟為一個「素所痛恨共產黨」的黨外人士服務,按我當時的認識,認為自己犯了立場錯誤。想到丁一書記是新調來天馬廠的,不一定瞭解。當時沒有複印設備,但可以拍照,但每頁要五元,三張報影加一頁特寫,共計20多元。原照如下:

我拿了四張照片向丁一書記彙報。丁一說這個情況不瞭解，要去請示市委宣傳部。因陳鯉庭是黨外的高知，又是廠長，要我把照片藏好，不要擴散。後來丁一告訴我：因為他參加的「劇聯」只是黨的週邊群眾組織，「審幹」作為「犯嚴重政治錯誤」，不算叛徒。丁一要我把照片銷毀，不要拿到攝製組。但是20多元的發票已向製片湯麗絢報銷了。照片不能交出，就自己藏了起來。有人把這件事透露給陳鯉庭。陳鯉庭就要查我「貪污資料」的問題；於是由廠辦公室主任柏李掛帥，成立柏李（陳鯉庭老友于伶的夫人）、湯麗絢等三人小組，清查我的「貪污資料問題」。

　　我經手的無非是訪問記錄用的筆記本、工作報告紙、自來水鋼筆用的藍黑墨水（當時還沒有原子筆）；複寫紙、2H的中華牌鉛筆（硬性、複寫用）從1960年到1962年的三年間，不過數十元。組內參考的照片翻印由專職副導演負責，我最引起注意的是翻拍了《民報》上的一些照片（包括從陳鯉庭被捕、審訊——直到他連續三天在《民報》刊登反對共產黨的聲明。）

　　我當時也是受「左」的思潮影響，認為「痛恨共產黨」就是「反黨」，當作一件大事翻拍下來。——想不到惹下禍根，自己惹禍自己飲苦水。

　　在柏李、湯麗絢等三人小組指揮下，她們秉承陳鯉庭廠長旨意，「整」了我一個多月。由原陳鯉庭「五花社」成員副導演葉明等七、八人像「打老虎」一樣的批鬥我，逼我「交代」所謂「貪污」金額。我從不經手錢款，報銷一組《民報》照片二十多元，報銷文具紙張費三年共數十元，加上外打電話、公交車費三

年二十多元。每天寫交代，寫了數十份「坦白書」，認為雞毛蒜皮，要交代大數目。被逼無奈，只得從1962下半年正式調進天馬廠，工資每月86元，三年來在天馬廠領的工資總額約三千元。為了「忍辱負重」想過關，就被逼瞎交代「三千元」。柏李、湯麗絢等滿意地向陳廠長交賬。

七、開了三次「翻案」會、「退賠八十五元」了事

丁一不相信，問財會科，回答是「沈鵬年從未領取過這許多鉅款」。丁一又和以群聯繫。以群找我問明清楚，認為這是「錯案」。廠黨委副書記魯耕親自召開三次「要我翻案」的會議，當時運動的規矩，「瞎承認」是「態度好」可以從輕處理；「翻案」是「態度惡劣」要加重處分。我哪裡敢「翻案」?!

丁一又命人保科科長陸子才和李銘海查證核對，查出二十多元拍照發票，報了賬，沒有交出照片（就是陳鯉庭聲明的三張照片）；三年中購買文具筆記本費累計六十多元，筆記本用完後沒有交公。總共加起來算85元。陸子才說：「組織要你受點委屈，讓陳廠長好下臺階……。」我二話沒說，回家找愛人陳雪尊取了85元交給人保科李銘海算「資料退賠款」。其時為1965年9月17日。得到收據如下。事後黨委仍舊信任我，為了《舞臺姐妹》、《血碑》的歷史背景，魯耕和我去浙東各地（新昌、嵊縣、藻溪、天臺、蕭山、餘姚）調查訪問了一個月。由我寫了調查報告給市委宣傳部，用大量事例說明《舞臺姐妹》、《血碑》的內容是符合歷史事實的，影片得以公開放映。

電影〈魯迅傳〉籌拍親歷記

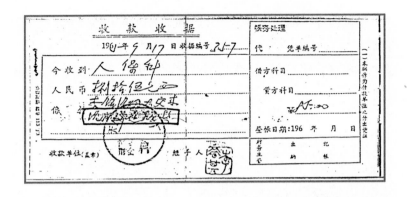

　　以這張《收據》為標誌，我在《魯迅傳》攝製組解散二年九個月後，以魯耕的無奈、葉以群囑咐我「忍辱負重」與陳鯉庭結束工作關係而告終……。

八、陳鯉庭否定《魯迅傳場景表》、自搞《結構分析表》

　　——副導演夏天、衛禹平因「無所作為」而離去，湯麗絢去《槐蔭記》攝製組當製片主任

　　眾所周知，拍攝影片的主要依據是《分鏡頭本》，而「分鏡頭」的第一道工序是寫出《場景表》。導演在《場景表》的基礎上進行藝術構思，寫出《分鏡頭本》，然後據此「開麥拉」——動手開拍。

　　副導演夏天、衛禹平和導演助理鄧逸民一起編寫出《魯迅傳場景表》，為導演「分鏡頭」作好了第一道工序。陳鯉庭是自始至終參加文學劇本創作從初稿到定稿的全過程，應該說對《魯迅傳》的劇情是嫻熟於心的。照理，只要在《魯迅傳場景表》的基

礎上認真構思、藝術加工，《分鏡頭本》就輕車熟路很快就寫出來了。

現將《魯迅傳場景表》上集四章共40場、284景的全文轉錄如下：

"鲁迅传"（第三稿）场景表
1961年6月31日

第一章　　　　　　　　　辛亥革命时代

场	景	景　名	内外	季节	时间	气氛	内　容　摘　要
1	1	鲁迅先生的故乡	内		日	阴朗	序幕：简介鲁迅生平
1	2	绍兴城外	外		日	阴朗	序幕：简介绍兴风貌，会稽山脉，纵横交错的河网
1	3	绍兴城内	外		日	阴朗	序幕：简介龙山与应天塔之间
1	4	绍兴城内东昌坊口	外		日	阴朗	序幕：简介东昌坊口一个破落的台门
1	5	旧台门及街道	外		日	阴朗	序幕：简介鲁迅一脉奕奕扑面而来
1	6	城内一条石板街道	外		日	阴暗	鲁迅领着学生们来迎面而来，街上市民都默默而望
1	7	咸亨酒店门口	外	秋天	日	阴暗	行列经过店门口，窥见阿有在喝酒，对鲁迅等怪叫
1	8	咸亨酒店内	内	秋天	日	阴阳	酒客们闹声伸头张望，然后议论纷纷，阿有扬手而去
1	9	酒店门口街道	外	秋天	日	阴暗	行列在行进，学生小胖回身，阿有急忙作装相身追赶傻子
1	10	咸亨酒店内	内	秋天	日	阴暗	酒店内酒客们哄堂大笑
1	11	酒店门口街道	外	秋天	日	阴暗	街上闲人们都笑着，鲁迅闻声只见阿有背影悻然而去
1	12	郊外山坡上	外		日	阴暗	鲁迅和学生在山上来植物标本

— 1 —

场	景	景　名	内外	季节	时间	气氛	内　容　摘　要
1	13	山间小路	外	秋天	日	阴暗	一群被押解的农民从远处而来，学生们到路旁怒目惊问先生
1	14	岩石上	外	秋天	日	阴暗	鲁迅独坐岩石吸烟沉思
1	15	天空	外	秋天	日	阴暗	天空一只山鹰掠空而过
1	16	山坡草丛里	外	秋天	日	阴暗	韩立本在翻阅书本，又定向鲁迅欣然地问
1	17	山坡上	外	秋天	日	阴暗	学生们闻声探望，范爱农奔告鲁迅"光复"消息，漫山学生欢呼
2	1	城内街道上	外	秋天	日	阴暗	城内街道一片混乱，店铺在上门板，满街嚷叫着
2	2	街道及章家台门口	外	秋天	日	阴暗	轿子慌乱的在门口停下，章介潾跨过轿杆近上台阶，二爷敲门
2	3	厨房里	内	秋天	日	阴暗	阿多在白米闹有敲门声，前去开门
2	4	街道及黄家台门口	外	秋天	日	阴暗	门开一檀，黄宽白挤身出来，跨过街向章介潾拱手问
2	5	章家台门口	外		日	阴暗	二爷在敲门，阿多来开门，章、黄等进
2	6	章家客厅里	内	秋天	日	阴暗	章敬声抹滑吸烟问黄
2	7	章家客厅外天井里	内	秋天	日	阴暗	天井里男女仆人忙乱不堪在搬运东西
2	8	章家客厅里	内	秋天	日	阴暗	章、黄渐离，二爷前来禀报钱达人到来

— 2 —

場	景	景　　　名	內外	季節	時間	氣氛	內　容　摘　要
3	1	府中学堂操场上	外	秋天	日	阴晴	鲁迅和学生集合站队，何几仲来阻止，范爱农弄告王金发来扫兴
3	2	城门街道	外	秋天	日	阴晴	鲁迅学生们在分头向 老百姓劝说。商店都在纷纷之下
3	3	一家布店门口	外	秋天	日	阴晴	一家布店门口举出一面白旗来
3	4	一家杂货店门口	外	秋天	日	阴晴	一家杂货店门口挂满糖炮在点燃
3	5	城内街道	外	秋天	日	阴晴	一面面的白旗和鞭炮挑起来，整个城市沸腾了
3	6	咸亨酒店门口	外	秋天	日	阴晴	阿有在柜台外喝完酒摔手走去
3	7	酒店门口街道	外	秋天	日	阴晴	阿多看着阿有扫酒而去，转身来摇摇地倒靠立本。二爷前来把他叫回去
3	8	街道及章家台门口	外	秋天	日	阴晴	阿多被二爷拉进章家台门而去，却远远眺望
3	9	章家客厅里	内	秋天	日	阴晴	黄觉白、钱达人劝 策相劝章介眉去杭州暂避风头
3	10	章家后门外埠头上	外	秋天	晚上	阴暗	月光初升，黄觉白、钱达人在送 章介眉去杭州
4	1	街道及偶门口	外	秋天	晚上	阴暗	鲁迅 和范爱农提着灯笼，兴冲冲 地走出来
4	2	临河街道及 左边桥上	外	秋天	晚上	阴暗	街道上挤满了欢迎人群，远处有几艘白篷船驶来，鲁、范站定
4	3	临河岸旁	外	秋天	晚上	阴暗	队伍登岸，迎向人群 列队走来。枪炮声震天动地
4	4	临河街道及左边桥上	外	秋天	晚上	阴暗	鲁迅、范爱农和学生站在一起，注视队伍前进 与旧友重逢。

場	景	景　　　名	內外	季節	時間	氣氛	內　容　摘　要
4	5	旧府台衙台门，门口	外	秋天	早晨	明朗	市民们围观，黄、钱等绅士们摇摇摆摆向大门走去
4	6	旧府台衙台门，大堂上	内	秋天	早晨	明朗	大堂上，黄、钱等绅士们立着，等候晋见，王金发走上大厅厉，声道问章下落，鲁迅、范爱农前来
4	7	衙门内花厅里	内	秋天	早晨	明朗	鲁迅、范爱农和王金发商议改变国民精神，兴学办报等事。
5	1	府中校务室里	内	秋天	日	明朗	鲁迅 和范爱农在处理校务工作
5	2	府中教室里	内	秋天	日	明朗	鲁迅 在课堂里上课
5	3	府中教务室里	内	秋天	日	明朗	鲁迅 在埠头改卷子
5	4	府中操场上	外	秋天	日	明朗	鲁迅 在操场上和学生们一起 搞运动
5	5	越铎日报编辑部里	内	秋天	夜	明朗	鲁迅 和范爱农、韩立本等在编辑 报纸
5	6	报社门口及河道	外	秋天	早晨	明朗	阳光四射，鲁迅欣然带着报纸走出来，一只乌船从桥洞驶来
5	7	东昌坊口周家台门	外	秋天	早晨	明朗	鲁迅 欣然返至自己 家门而去
5	8	宝馨及小天井	内	秋天	早晨	明朗	鲁迅 自外而入，高声喊城，鲁母告知闰土来
5	9	府中校务室里	内	秋天	日	明朗	鲁迅 沉思，范爱农气呼呼地说"学校办不下去。"

場	景	景　　名	內外	季節	時間	氣氛	內　容　摘　要
6	1	郊外河道	外	深秋	日	明朗	郊外河道一艘大帆船向紹興城內駛來
6	2	船倉里	內	深秋	下午	明朗	章介眉向黃覺白又得意又懊喪，談革命之事，二爺在旁催促阿多
6	3	城外臨河石橋	外	深秋	下午	明朗	阿多搖船來，橋上突來兩個大漢，二爺着急叫"強盜"財物被劫
7	1	越鐸日報編輯室里	內	深秋	晚上	陰暗	王文豪沖進來向魯迅、范愛農報告章介眉被土匪搶了
7	2	軍政府花廳上	內	深秋	日	陰暗	章介眉、黃克白、鎮、何等人來拜會王金發，一面喊"要揖拿凶犯。"
7	3	軍政府花廳外	內	深秋	日	陰暗	魯迅、范愛農二人沖沖前來
7	4	軍政府花廳上	內	深秋	日	陰暗	章、黃、鎮、何等人見魯、范前來紛紛起坐、魯懇目忠告
8	1	城內街道上	內	初冬	晨	陰暗	雪花飛舞，街道冷靜空無一人
8	2	咸亨酒店門口	外	初冬	日	陰暗	酒店門口，阿有放着麻袋蓑衣避風雪
8	3	酒店內及扶梯口	內	初冬	日	陰暗	酒客們默默坐着，老板呆盆着花，伙計提着空酒壺從樓下上來
8	4	酒店樓上	內	初冬	日	陰暗	樓上空落落的几張方桌只有魯迅范愛農二人對欽

場	景	景　　名	內外	季節	時間	氣氛	內　容　摘　要
8	5	樓下庭園	內	初冬	日	陰暗	園內山茶花盛開着，小鳥振翅飛去，血紅的茶花顯得更鮮艷
8	6	酒店樓上	內	初冬	日	陰暗	魯迅在安慰范愛農，二人又對飲一杯，范茫然看着飛舞雪花
8	7	酒店門口街道	外	初冬	日	陰暗	遠處傳來軍號聲，街上行人奔跑
8	8	酒店樓上	內	初冬	日	陰暗	韓立本匆匆奔上樓來奔告魯迅。魯迅至窗口看
8	9	酒店門口街道	外	初冬	日	陰暗	街道上已布滿了崗哨，士兵們奔跑而來。四個大漢架着阿多前來，一面叫道"我不是強盜"，許多閑漢和阿有在后跟上去
8	10	酒店樓上	內	初冬	日	陰暗	魯迅見狀驚呆自問，韓立本憤慨，遠處傳來一聲號聲
8	11	酒店門口街道	外	初冬	日	陰暗	街道寂靜，只有阿有悄悄一人走來
8	12	酒店樓上	內	初冬	日	陰暗	韓低聲自語，范低吟着，魯迅悲憤農民的道遇是這樣
9	1	火車上車廂內	內	初冬	日	陰暗	魯迅坐在火車里前往南京
9	2	南京教育部大門口	外	初冬	日	陰暗	門上一個松樂的牌樓"四個大字已殘缺不全了
9	3	南京教育部辦公室	內	初冬	日	陰暗	魯迅扑運行李等一面告知蔡已去北京
9	4	火車上車廂內	內	初冬	日	陰暗	魯迅和許多士坐在火車里往北京

场	景	景 名	内外	季节	时间	气氛	内 容 摘 要
9	5	北京前门箭楼	外	冬	日	阴晴	前门箭楼，鸽群乱飞
9	6	北京教育部佥事室里	内	冬	日	阴晴	鲁迅和徐季士无可办
9	7	北京街道上	外	冬	日	阴晴	街上报贩在叫喊着："看新闻……"
9	8	北京教育部大办公室	内	冬	日	阴晴	办公室内乌烟瘴气，科员们高谈阔论，急躁非凡
9	9	北京教育部佥事室里	内	冬	日	阴晴	鲁迅被联髻所讨起身关门，徐季士问鲁……
9	10	北京教育部大门口	外	冬	日	阴晴	鲁迅、徐季士二人走出来巧遇章介眉满面笑容，昂然走去，徐追上问鲁迅
9	11	绍兴会馆大门口	外	冬	黄昏	阴暗	鲁迅怅然走进大门向后院
9	12	补树书屋及园洞门	外	冬	黄昏	阴暗	鲁迅前来，韩北上与先生会晤，鲁问韩范在何地
9	13	补树书屋外间	内	冬	黄昏	阴暗	鲁迅手提着范的照片，称在绥告范爱农死讯

第二章 沉默 五四时代

场	景	集	景 名	内外	季节	时间	气氛	内 容 摘 要
10	1		补树书屋中	内	冬	夜	阴沉	鲁迅在抄碑校书（送印）报纸新闻
10	2		补树书屋园中	内	冬	夜	阴沉	鲁迅从室内出来，苦闷容额，低声自问
10	3		补树书屋园洞门口	内	冬	夜	阴沉	钱玄同气呼呼地前来，鲁迅迎上
10	4		补树书屋内	内	冬	夜	阴沉	钱为"新青年"要鲁迅参加写稿，韩、郭来找鲁迅，韩告郭离家事
11	1		北京大学图书馆主任室内	内	冬	日	明朗	李大钊正在书报中找材料研究俄国革命的消息
11	2		图书馆主任室门口	内	冬	日	明朗	钱和鲁迅二人前来找李大钊
11	3		图书馆主任室内	内	冬	日	明朗	钱、李为鲁迅揭开苦闷，这时另有几位教授前来参加会议
11	4		北京大学校园内	外	冬	日	明朗	胡适前来，罗、吴等学生围上，胡告要去"新青年开会
11	5		图书馆主任室内	内	冬	日	明朗	"新青年"会议正在进行中，胡适飘然而入
12	1		补树书屋内	内	冬	夜	明朗	鲁迅进行创作"狂人日记"
12	2		印刷机	内	冬	日	明朗	印刷机在转动着，"狂人日记"在四卷五号"新青年"刊登

場	景	景　名	内外	季节	时间	气氛	内　容　摘　要
12	3	北京大学校园内	外	冬	日	阴沉	无数的青年们在争看着"新青年"上的"狂人日记"
12	4	一座古老黑暗的大门	外	冬	日	阴沉	两扇紧闭的大门被打开，无数的青年冲了出来
12	5	楼上一间卧室门口	内	冬	日	阴沉	一个青年女子被推入，将铁锁锁上
12	6	楼梯口	内	冬	日	阴沉	锁门人不许年轻女女大声叫喊
12	7	卧室内	内	冬	夜	阴沉	被关进卧室的张禄华苦痛叹息
12	8	后墙窗外天井	内	冬	黎明	明朗	一只麻雀飞过
12	9	卧室内	内	冬	黎明	明朗	张禄华翻窗逃去
12	10	静寂的小巷中	外	冬	黎明	明朗	张禄华跌倒巷中爬起来，她抓起"新青年"突然双目发光
12	11	补树老屋内	内	春	夜	明朗	深夜灯光下，鲁迅继续不断地在写作"孔乙己、药。"等文章
13	1	北京大学图书馆阅览室	内	春	日	明朗	书架上陈列着"新青年""少年中国""新潮"各种报刊杂志
13	2	阅览室门口	内	春	日	明朗	郭、韩、吴、刘、罗、徐等和同学一涌而入争看报纸
13	3	报纸	内	春	日	明朗	报纸上刊登各种新闻
13	4	阅览室内	内	春	日	明朗	群群的阅览室里学生们都在议论纷纷

場	景	景　名	内外	季节	时间	气氛	内　容　摘　要
13	5	补树书屋内	内	春	夜	明朗	鲁迅为"新青年"被人污蔑感为愤怒，愤然提笔写作，韩来找郭去开会
14	1	北京大学钟楼	内	春	夜	阴沉	钟声紧急，学生们紧急地向法科大礼堂奔去
14	2	北京大学法科大礼堂	内	春	夜	阴沉	会场一片沸腾，学生们依次大声疾道，刘向大家宣布明日游行
14	3	天安门前群众大会	外	春	日	阴沉	群众大会，台上有人在演讲，群众们高呼口号
14	4	教育部会客室	内	春	日	阴沉	鲁迅和徐季士在谈防事
14	5	教育部大办公室	内	春	日	阴沉	科员们在谈论国家
14	6	教育部会客室	内	春	日	阴沉	鲁迅愤然起身，不安地来回走着
14	7	东交民巷散文坊口	外	春	日	阴沉	北洋军队持枪阻止游行队伍前进
14	8	东交民巷里	内	春	日	阴沉	东交民巷空无行人，美、英、法、日帝国主义士兵悠然自得
14	9	街道	外	春	日	阴沉	队伍浩浩而行，张禄华满面风尘跟在学生身边走着
14	10	补树书屋内	内	春	日	阴沉	鲁迅不安地来回走着，不时向外眼窒
14	11	赵家楼胡同西口	外	春	日	阴沉	游行队伍进入胡同西口
14	12	赵家楼胡同里	外	春	日	阴沉	胡同里已塞满了人，队伍不能前进
14	13	赵家楼胡同西口	外	春	日	阴沉	张禄华提着包袱向前挤去
14	14	赵家楼胡同里	外	春	日	阴沉	火焰冲天，学生们纷纷传告，张禄华仍向前挤去

場	景	景　名	內外	季節	時間	氣氛	內　容　摘　要
14	15	曹汝霖家門口	外	春	夜	陰沉	劉、吳、韓等和軍警搏斗,郭突然迎娶棣華
15	1	补树书屋内	内	春	黄昏	陰沉	鲁迅在抄碑,郭前来报告胜利消息
15	2	补树书屋外圆洞门	内	春	黄昏	陰沉	张棣华不时伸头向里探望
15	3	补树书屋内	内	春	黄昏	陰沉	鲁迅为郭拿出饼干来,郭突然噙起饼干同外走去
15	4	补树书屋外圆洞门	内	春	黄昏	陰沉	张已入睡,郭前来叫醒,韩、吴、徐三人来找鲁迅
15	6	补树书屋内	内	春	夜	陰沉	鲁迅和青年们交腕继续战斗,鲁迅独自又在写作
16	1	前门大街上	外	夏天	日	陰沉	鲁迅走过大街,学生们在向市民演说
16	2	前门车站	外	夏天	日	陰沉	鲁迅走到前门车站,学生们也在同市民演说
16	3	车站月台上	外	夏天	日	陰沉	一片欢腾中,鲁迅前来欢送:刘、郭、韩等奔赴各地
16	4	车站月台另一边	外	夏天	日	陰沉	一列车进月台,许多接客人拥上,胡适和杜威从车前走下见鲁迅
16	5	车站月台外边	外	夏天	日	陰沉	鲁迅默然向外走来,徐、张追上问鲁迅
17	1	补树书屋内	内	初秋	夜	陰沉	钱玄同为"新青年"之事前来鲁迅处商谈

場	景	景　名	內外	季節	時間	氣氛	內　容　摘　要
17	2	图书馆主任室	内	初秋	日	陰沉	李、徐、钱等人与胡适争论"新青年"编辑事宜到分裂
17	3	北京大学校门口	外	初秋	日	陰沉	李、鲁从校内走出遇胡,胡要鲁乘车同行,鲁指意不同路
18	1	八道湾新居大门口	外	初秋	日	陰沉	鲁迅回家来,鲁母、张棣华出来相迎
18	2	鲁迅家书房里	内	初秋	日	陰沉	鲁迅和郭、徐、吴、张等青年们交谈南北的情况
19	1	鲁迅家书房里	内	初秋	夜	陰沉	鲁迅孜孜不倦的在写作,鲁母前来催他休息,又问鲁写作什么用
19	2	鲁迅家	内	初秋	日	陰沉	鲁母拿着"晨报副镌"在读"阿Q正传"
•19	3	赵太爷家	内	春		陰沉	地保和阿Q站在赵太爷面前,太爷大声喝道
19	4	土谷祠里	内	春		陰沉	阿Q躺在土谷祠里自言自语"儿子打老子!……"
19	5	屋的一角	外	春	日	陰沉	阿Q在舂米,一个老头儿过来颂扬他
19	6	街道	外	春	日	陰沉	一个闲人见阿Q过来假作惊讶,阿Q怒目而瞪
		街道(1)	外	春	日	陰沉	阿Q和一个人拉打起来,阿Q卧为儿子打老子
		街道(2)	外	春	日	陰沉	假洋鬼子手提"哭丧棒"过来,阿Q缩着尤鸟瞥
		街道(3)	外	春	日	陰沉	阿Q看对面过来的小尼姑伸手扭她的头皮
		街道(4)	外	春	日	陰沉	无数旁观者都在略略地笑着

場景	狀名	內外	季節	時間	气氛	內容摘要
19 6	街道(5)	外	春	日	阴沉	观看者们在指责着"你是阿Q。"笑声不绝
19 7	报纸	內	春	日	阴沉	"晨报副刊"上登着"阿Q正传"第七章"革命"
19 8	未庄街上	外	初秋	日	阴沉	阿Q得意忘来大声咳道，人们都惊惧地看他
19 9	假洋鬼子家大門口	外	初秋	日	阴沉	假洋鬼子正和人在说话，阿Q对来被他赶走
19 10	土谷祠门口	外	初秋	夜	阴沉	阿Q闯仓再奔出来，又遇来人
19 11	土谷祠里	內	初秋	日	阴沉	阿Q躺在土谷祠里痛恨地扇着
19 12	土谷祠门口	外	初秋	夜	阴沉	一队警察把阿Q抓出土谷祠
19 13	监牢里	內	初秋	日	阴沉	阿Q被关进监牢
19 14	大街上	外	初秋	日	阴沉	阿Q在堂上被审判伏地供状
19 15	街道	外	初秋	日	阴沉	阿Q被捆游街示众
	街道(1)	外	初秋	日	阴沉	一个中年读者惯给自问。"这是属我！……"
	街道(2)	外	初秋	日	阴沉	一个老官僚样的人也在生气自问。"这是属我……"
	街道(3)	外	初秋	日	阴沉	阿Q又有一个青年读者怀着地自问："是属我的？……"
	街道(4)	外	初秋	日	阴沉	许多读者在自问。"这是属我！……"
19 16	鲁迅家	內	初秋	日	阴沉	鲁母看完报纸，鲁迅痛苦地对母说："我并没有属谁。"

— 13 —

第三章　　　　　女师大　三一八

場 數	景名	內外	季節	時間	气氛	內容摘要
20 1	特写：报纸 杂志					确定"三大政策"，孙中山在北京逝世等消息……
20 2	西三条胡同（及门口）	外	春	下午		张读华、許广平来访鲁迅
20 3	老虎尾巴	內	春			对青年谈吃枣自乐；谈勤性戏；鼓励吴梦非写杂感；李大钊来访，谈到胡适等是领羊人的山羊。
20 4	特写：杂志					登载鲁迅文章，"春末闲谈""灯下漫笔"。
20 5	未名社	內	春	日		徐文滏读"灯下漫笔"
20 6	女师大宿舍	內	春	日		张禄华读"灯下漫笔"
21 1	特写：报纸					关于五卅惨案的报导
21 2	执政府	內	初夏	日		段命令加紧整顿学风；令杨荫榆回女师大
21 3	××门外 街道	外	初夏	日		杨荫榆、刘百昭、陈源乘小汽车准备去女师大
21 4	女师大操场上	外	初夏	日		陈源演讲，阻挡学生爱国行动，被学生轰走
22 1	女师大校 园布告处	外		日		許、刘等被开除，学生们不满，鲁迅适至得知
22 2	女师大自治会	內		日		学生们所究对策，鲁迅说下午来上课
22 3	女师大大礼堂	內		下午		为该开除学生点名，訪冒牌国货，提交七教授宣言

— 14 —

场	景	景　名	内外	季节	时间	气氛	内　容　摘　要
23	1	陈源书斋	内		日		陈源、胡适写黑话攻击鲁迅
23	2	宋名社	内		日		鲁迅著文反击：说明陈源是阴段毒计……
23	3	执政府	内		日		段下令封锁女师大
23	4	女师大布告处	外	多	日		刘百昭揭贴停办女师大的布告
23	5	女师大校门	外		日		刘百昭指挥警察反锁女师大校门
23	6	电线杆	外		日		军警绞断电线
23	7	校内×处	内		日		许广平开电灯开关，没电
23	8	地下水管	外		日		军警关闭自来水管
23	9	校内×处	内		日		刘和珍开水龙头，没水
23	10	电话线杆	外		日		军警剪断电话线
23	11	校内×处	内		日		跟枝华打电话，不通
23	12	自治会小屋	内		夜		学生开自治会
23	13	校院	外	多	夜		鲁迅送来蜡烛，烛光传开
23	14	校门外	外	多	夜		李大钊带各校学生持火把来支援斗争
23	15	校院	外	多	夜		学生们欢庆胜利
23	16	自治会小屋	内	多	夜		李、鲁与学生研究斗争步骤
24	1	老虎尾巴	内	多	晨		徐季士弄告鲁迅，刘百昭用武力驱逐学生
24	2	校门口	外	多	晨		军警挂上"北京女子大学"校牌

场	景	景　名	内外	季节	时间	气氛	内　容　摘　要
24	3	校门对面	外	多	日		学生被架出女师大，鲁迅怒斥刘百昭
24	4	教育部办公室	内	多	日		刘百昭气势汹汹奔向食事室
24	5	食事室	内	多	日		鲁迅抗议教育部的非法命令
25	1	三处房屋	外	多	日		鲁迅为学生寻找校舍
25	2	宗帽胡同民房门外	外	多	日		悬挂女师大校牌
25	3	宗帽胡同一间教室	内	多	日		鲁迅上课，学生神色愉快
25	4	老虎尾巴	内	多	夜		鲁迅在写作
25	5	杂景：文章					鲁迅署文回击胡、陈对女学生的诽谤
25	6	杂景：报纸					各大学宣布脱离教育部
25	7	杂景：报纸					执政府恢复女师大的新闻
25	8	北京一街道	外	多	日		女师大学生列队返校
25	9	校门外	外	多	日		张枝华、刘和珍重新挂上校牌
25	10	老虎尾巴	内	多	夜		鲁迅和女师大同学庆贺斗争胜利
26	1	陈源书房	内	多	日		胡适指示陈源为女师大主持"公理"。
26	2	杂景：文章					徐文滑看《"公理"的把戏》一文
26	3	杂景：文章					袁荣看《这回是"多数"的把戏》一文
26	4	杂景：文章					"不是你"《我还不能"带住"》等文特写

场	景	景　名	内外	季节	时间	气氛	内　容　摘　要
26	5	未名社编辑室	内	冬	日		鲁迅说打落后狗
26	6	未名社门市部	内	冬	日		鲁迅请小王买药，刘和珍订"莽原"
27	1	特写：报纸新闻					日本炮击大沽，八国发后通牒．
27	2	天安门前		外	春	日	群众游行示威大会
27	3	老虎尾巴	内	春	日		鲁迅托广平带"莽原"给刘和珍
27	4	天安门前		外	春	日	游行队伍转移去执政府
27	5	铁狮子胡同		外	春	日	游行队伍向执政府国务院门前前进
27	6	国务院门前广场		外	春	日	国务院门前防卫森严，刘和珍去找总指挥
27	7	广场另一角		外	春	日	刘和珍向总指挥建议转移
27	8	吉兆胡同段公馆	内	春	日		段向日本顾问显缩自己的本领
27	9	铁狮子胡同		外	春	日	李大钊揭露阴谋，要学生转移
27	10	执政府×处	内	春	日		卫队团长接电话
27	11	执政府门前		外	春	日	卫队团长下令开枪，刘、杨牺牲
28	1	女师大灵堂	内	春	夜		追悼刘和珍、杨德群
28	2	马路上		外	春	日	送葬行列缓缓前进，鲁迅内心独白
29	1	老虎尾巴	内	春	日		鲁迅著文痛斥段执政

场	景	景　名	内外	季节	时间	气氛	内　容　摘　要
29	2	执政府内	内	春	日		段祺瑞等"震惊"，大怒
29	3	老虎尾巴	内	春	日		鲁迅写"可惨与可笑"．声言："……是段祺瑞有计划的谋杀．"
29	4	执政府内	内	春	日		段祺瑞大怒
29	5	陈源书斋	内	春	日		陈源写"闲话"，胡适点头称好
29	6	老虎尾巴	内	春	日		鲁迅写"死地"，怒斥陈源
29	7	陈源书斋	内	春	日		陈源诉苦，胡适说出通辑鲁迅消息
29	8	老虎尾巴	内	春	日		鲁迅校阅《记念刘和珍君》一文
30	1	西三条胡同门外		外	春	夜	一个穿着避雨帽雨衣的人扣轻敲门
30	2	老虎尾巴	内	春	夜		李大钊来访，鲁迅惊喜
30	3	北屋	内	春	夜		文渊、袁春安慰鲁母
30	4	老虎尾巴	内	春	夜		李大钊劝鲁迅暂移阵地
30	5	西三条胡同门外		外	春	夜	李、鲁告别

第四章   大 革 命 时 代

场	景	鏡	景 名	内外	季节	时间	气氛	内 容 摘 要
31	1		广州长堤	外	春天	日	明朗	迸印报纸新闻：克复汉口、武昌，收回租界等
31	2		广州马路	外	春天	日	明朗	纷纷 升起白布红字的横幅标语
31	3		七十五号楼梯	外	春天	日	明朗	华喜 走上楼梯，陈延年走出前楼，問他找誰
31	4		七十五号前楼	内	春天	日	明朗	华喜和陈延年会同相談，商定次迎鲁迅計划
31	5		珠 景	内	春天	日	明朗	一艘海轮駛进珠江
31	6		广州长堤	外	春天	日	明朗	游行队伍經过长堤，高呼"打倒列强"口号
31	7		船 仓	外	春天	日	明朗	鲁迅走出船仓，眺望长堤
31	8		小 艇	外	春天	日	明朗	許广平、張桃华等人接鲁迅 上海轮
31	9		两只小艇	外	春天	日	明朗	鲁迅、許广平等人乘小艇同码头駛去
31	10		街 沿	外	春天	日	明朗	中大学生欢迎鲁迅，工、农、兵游行队伍經过街沿
32	1		中大钟楼	内	春天	日	明朗	顾家驊討好，要請吃晚飯，华喜送书，邀鲁迅演講
32	2		××大学	内	春天	日	明朗	鲁迅演講
32	3		××团体	内	春天	日	明朗	鲁迅演講
32	4		××中学	内	春天	日	明朗	鲁迅演講
32	5		黄埔軍校	内	春天	日	明朗	鲁迅演講

—19—

场	景	鏡	景 名	内外	季节	时间	气氛	内 容 摘 要
32	6		××文艺团体	内	春天	日	明朗	鲁迅演講
33	1		教务主任室	内	春天	日	明朗	顾家驊二請 鲁迅赴宴
33	2		中文系办公室	内	春天	日	明朗	华喜和广平商定，再請鲁迅 对本校学生演講
33	3		教务主任室	内	春天	日	明朗	鲁迅 尤为中大学生演講，却粗赴宴
33	4		校长室	内	春天	日	明朗	顾家驊因鲁迅退回請東，惜令工友去叫張民权
34	1		大肌堂前空场	外	春天	日	明朗	張民权領着谓跟学生 向大肌堂走来
34	2		大肌堂	内	春天	日	明朗	鲁迅演講，張民权领头捣乱，同学高呼"司的克党滚出去！"
34	3		台 前	内	春天	日	明朗	顾家驊排挤鲁迅，送"革命家"帽子
34	4		講 台	内	春天	日	明朗	鲁迅退回"革命家"帽子，顾家驊受窘，一埸舌战获胜
35	1		钟楼門口	外	春天	日	明朗	鲁迅离开会場，罗斯年乘机 鼓動
35	2		钟 楼	内	春天	日	明朗	鲁迅要許广平找房子，拟 迁出钟楼
35	3		七十五号前楼	内	春天深夜			鲁迅和陈延年促膝 交談
36	1		白云楼书房	内	春天傍晚		明朗	鲁迅收华喜小 朋友来信，华喜着写蒋介石叛变

—20—

場	景	景名	内外	季节	時間	气氛	内容摘要
36	2	河沿	外	初夏	夜		毕磊要张棣华保护鲁迅
36	3	白云楼臥室	内	初夏	深夜	阴暗	毕磊深夜未归，鲁迅不安
36	4	白云楼窗外	外	初夏	夜	阴暗	武装军队跑过，毕磊被捕按推上汽车
37	1	街道	外	初夏	夜	阴暗	鲁迅在黑夜中冒雨前行
37	2	校长室门口	内	初夏	夜	阴暗	鲁迅和三位教授气冲冲走向校长室
37	3	校长室	内	初夏	夜	阴暗	顾颉刚躲在打电话，鲁迅摀门
37	4	会议室	内	初夏	日	明明	鲁迅揭露学生被捕真相，愤然抗议辞职
38	1	楼下許广平臥室	内	初夏	日	明朗	許广平安慰张棣华，鲁迅回来
38	2	馬路	外	初夏	日	明朗	革命标语被竹竿绞断
38	3	杂景:(报纸标题)	内	初夏	日	明朗	李大钊英勇就义消息
38	4	街道	外	初夏	日	明朗	两个警察在悬挂反动标语
38	5	街沿	外	初夏	夜	阴暗	一个特务注视鲁迅书房里的动静
38	6	白云楼书房	内	初夏	夜		鲁迅振笔疾书，郭小朋突然来访
39	1	白云楼臥室	内	初夏	夜	明朗	鲁迅重毁进化论
39	2	楼下許广平臥室	内	初夏	夜	明朗	郭小朋、张棣华约定同去湖南结婚
39	3	白云楼书房	内	初夏	夜	明朗	許广平向鲁迅表示，愿一生生死同死

場	景	景名	内外	季节	時間	气氛	内容摘要
40	1	海轮	外	夏	日	明朗	船员敲锣，催送行的人下船
40	2	船舷	外	夏	日	明朗	鲁迅和郭小朋告别
40	3	小艇	外	夏	日	明朗	郭小朋、张棣华乘艇来驶开海轮
40	4	海轮	外	夏	日	明朗	海轮在大海中航行
40	5	杂景:报纸	内			明朗	秋收起义消息

沈鵬年

陳鯉庭對這份《魯迅傳場景表》棄置一旁、不屑一顧。他口授、要我記錄整理《結構分析表》……，我實在「不懂導演業務」，無法正確地記錄他的意圖，只得敬謝不敏。陳鯉庭便通知場記劉恩玉去聽他口述、劉記錄下所謂的《結構分析表》，複寫後交給趙丹等閱讀。我向劉恩玉要了一份備覽。原件如下：

第二章結構分析表

魯迅線	《新青年》線	青年線	老封建線
9 魯迅上班辦事中談國事，教育陰謀的學制表制訂組，政廠結思重分層，會館些陵讀儡，苦於陰味，抄碑，擱抑下愚中國的悲愴			P教育廳下，推舊學制恢復舊禮。（許仲琰、南在北京走紅。） 孫某、洪業抬棺，張永的慘情（21章第一次世界大戰）
10 錢夜談，談沖破獄尾。（莫談舊教制，喚文明唁陸魂） 鈔某求我譯，魯拒各友文。	10 北大蔡元培高舉新口號，錢玄循痛李法拔文倡辦。下一輪，錢上課，談難識一，錢讚事，談沖破獄尾。	10 鈔某來找我救口出給。	10 孫某試寫洪水猶默。
	11 △←胡誠青年毛圍，《新青年》編委會，胡的李上館，李与青年約命。	11 鈔新北大芒奮奮奮扰團呼答。 李与青年約命，鈔扰費悟我李。	
12 會館喪州回鈔興面邓，魯給鈔信，鈔把心匹瓶魯墅之，宣吋狂口口說的寧吋沈論文		12 鈔興面邓，鈔呫咁嗁，把心匹瓶魯墅之，孫某青面起，退沖冰家庭。	

213

②

魯迅線	《新青年》線	青年線	老封建線
13. 會館，錢來訪，夜談（其2）	13. 錢來訪魯迅，夜談（其2）	13. 談北京白話一批大學新派王二暁余退討論，談出口14 天南的大會，時報色式人，火燒樹來搞，學堂擔打部時好思，回曾署處	13.（錢口中說，談同派也也改，說「曰激堂……」）
14. 會館，魯找初，上門争議論；青的來法的阿Q斗情況，暇子小心（魯Ⅲ錢Ⅲ招待青年）			
15. 寫《生命的路》之稿…		15. 街女學生沈訊；車話送引，訊為下，談課好感動，讀後好感動…	
車話送引，雪婚談愛，情然深入人心…			
16. 批意識抵錢來振信（錢陸談撥學生之釋…）書想法本；爭論文，部歸來訪雪這學生代魯談胡週，欣設礼人課本	15 ◀── 胡己陰社註	▲ ◀── 寫妖發的胡	
	16. 錢訪雪振聲李化舊書全。車中爭取胡文；	16. 訊南到歸來…向魯談時之搞二道；借雪訊會；	
17. 雪情入社會…魯遭沈「筆勿」近胡末打草叩此…拒胡熱本，卡事同絡…	17 全監密上：胡語判物里「筆城」刪版…本雪信共同語言；李雪因引；		

③

魯迅線	《新青年》線	青年線	老封建線
18. 家作文化，日光初…許事爭來說，同遊琉璃厂。倉中變成抔旧，如受烘烘旧鏡，想象中現各種人像；振筆寫《吶喊》傳… ——同事錢DD，向魯，魯向許茅実…			18.（魯仍覺中出把事令屑事）紳士談的怪及氣沛沛，發怒…

這份《結構分析表》發給趙丹，趙丹說：開什麼玩笑？這算分鏡頭劇本？室內室外、時間氣氛、季節陰晴都沒有寫明，叫我怎麼演？簡直笑話……。

副導演夏天、衛禹平看了，只有苦笑，歎氣。說我們無所作為，只得散夥了……。

副廠長兼副導演齊聞韶說：每個導演有自己的風格、有自己的特點，陳鯉庭學貫中西，不但精通蘇聯的一套，還熟悉好萊塢的一套。齊聞韶勸夏天、衛禹平要虛心跟陳鯉庭學習。消極的態度是不可取的……。

衛禹平的編制在天馬廠，聽了不吭聲。夏天的編制在海燕廠，聽了不賣賬，就對齊聞韶拱拱手，說：請齊廠長跟陳鯉庭虛心學習，你們天馬廠多多發揚陳鯉庭風格吧，我恕不奉陪，回海燕廠去了……。（因為夏天在解放前就進入老解放區，是隨第三野戰軍陳毅將軍解放上海，接管國民黨電影廠，入黨比齊聞韶早，因此他敢於同齊廠長抬槓。）——陳鯉庭硬留下最後三人也留不住。從1963年起，都離開了他……。其中湯麗絢去顧而已導演的《槐蔭記》攝製組當製片主任；衛禹平借到譯製廠去配音。因此，1963年根本不存在什麼「魯迅傳攝製組」了。

九、張春橋「蹲點」上影揪「夏（衍）陳（荒煤）路線」
——陳鯉庭要沈鵬年寫《「魯迅傳」攝製組備忘錄》（沈未寫）

毛澤東對「文藝兩個批示」下達後，上海電影系統開展文藝整風，是從1964年8月12日開始的。此時，市委第一書記柯慶施

因肺癌手術後於1964年7月14日離開上海，由國務院衛生部長錢信忠護送至北戴河療養。原市委文教書記石西民在此以前已調至北京，升任國務院文化部副部長。原市委宣傳部長陳其五因生活作風問題撤職挨整，下放揚州師範學院。在此種情況下，負責上海工作的市委書記陳丕顯為貫徹毛澤東的「文藝批示」，便派新任市委候補書記的張春橋到「上影蹲點」，搞文藝整風。陳鯉庭當時仍在華東醫院療養，沒有參加文藝整風。

1964年8月12日召開電影系統黨委擴大會。張春橋率工作組長楊進進駐電影局。他在黨委擴大會上傳達毛澤東對「文藝兩個批示」後聲稱：「電影領導權不在我們手裏」。他批評「現在的黨員軟弱得很，不敢鬥爭」。他「要求上影的黨員同志起來作鬥爭」，「把妨礙我們黨對電影領導的蓋子揭開來……。」（見市委宣傳部編印的「內刊」《電影系統整風簡報》）

同年10月16日在電影系統黨員幹部（四百人）大會上，張春橋強調：「整風重點是批評局、廠領導，也可以批評市委宣傳部……」。接著，由市委宣傳部副部長楊學敏率工作組進駐天馬廠，召開天馬廠的黨員幹部大會，要求揭發廠領導的問題，由廠的黨、政領導（丁一和齊聞韶等）「下樓」檢討。然後推向全廠群眾，從12月起轉入社會主義教育運動即「四清運動」。傳達了「二十三條」後，張春橋說：「經過文藝整風，兩條路線鬥爭只揭發了歷史上的問題，對當前的問題怎麼樣？還沒有談。」接著在1965年1月16日，張春橋公開批判「夏（衍）陳（荒煤）路線」，強調「只能從兩條路線上攻，才能解決問題，主要是解決領導權的問題。」同時，「對於上影的隊伍問題」，張春橋誣

稱「上影的隊伍很複雜，要清理。有沒有隱藏的反革命？還搞不清楚……，真正的牛鬼蛇神還未清出來，路線鬥爭還不能解決……」。（出處同上）

此時，《魯迅傳》攝製組早已在1962年12月就解散了。然而，「四清」中有一項是「清經濟」。原《魯迅傳》攝製組向全國各地徵集來的清末民初的舊服裝、舊道具、甚至舊黃包車、舊汽車還堆在倉庫裏；從1960年到1962年籌備了整整三年，局、廠領導宣佈劇本定稿即將開拍時為什麼突然解散攝製組，暫停拍攝？久懸在全廠群眾間的疑問當然成為議論的「熱點」。原《魯迅傳》攝製組的製片湯麗絢揭發了「借下生活遊山玩水、鋪張浪費的事實」；湯麗絢還具體揭發了「陳鯉庭要求通過《魯迅傳》搞出晚清至五四等時期的服裝、道具倉庫」，要「搞得像歷史博物館似的」。還在《大眾電影》、《新民晚報》「登載了徵集情況的消息，派了專門人員到杭州、紹興、廣州、北京等地收集服裝」，「造成大量浪費」。（原文如下）

財會部門揭發《魯迅傳》在籌備期間一個鏡頭未拍卻化去籌備費人民幣五十多萬元，相等於天馬廠已攝製完成的重點影片顧而已導演的《燎原》、湯曉丹導演的《紅日》、桑弧導演的《魔術師奇遇》三部影片成本的總和。……

　　這件事引起了張春橋的注意。張春橋在大會上說「《魯迅傳》攝製組怎麼搞的？一個鏡頭未拍竟化去國家資金五十多萬元……」他號召大家要進一步揭發。

　　「四清」工作隊立即將天馬廠的《魯迅傳》檔案調去審查。審查結果，張春橋宣稱：「籌拍電影《魯迅傳》是三十年代人物的反黨活動」——為什麼稱「反黨」？因為拍攝《魯迅傳》是市委的「交辦」任務。張春橋說：「那些三十年代人物接下了市委的『交辦』任務，化去了五十多萬元鉅款卻抗命不拍，豈不是明目張膽地反黨嗎！」他要「深入追後臺」。（見東方紅電影廠政宣組編印《東方紅通訊》）

　　當時，駐天馬廠工作組負責人要我陪去華東醫院看望陳鯉庭。

　　陳鯉庭表示：對批判夏、陳路線是擁護的。他想要沈鵬年整理一份《〈魯迅傳〉攝製組備忘錄》交給工作組。

　　工作組負責人說：好啊！說明你的態度很好。安心養病，早日恢復健康……。

　　工作組負責人離開醫院時，陳鯉庭要我留下來。他要我找出二份材料：一份是陳鯉庭請姚文元對《魯迅傳》提意見的記錄；另一份是夏衍在四稿處理問題的談話。他說以這二份材料為依據，寫一份《〈魯迅傳〉攝製組備忘錄》。

他還說：只要找出這二份材料，就能夠說明問題，我們是聽姚文元同志的意見，對夏衍是有所抵制的……。

我說：我的資料早已處理掉了，這份《備忘錄》請你自己寫吧。

我沒有為陳鯉庭寫這份《備忘錄》，陳鯉庭對我很不滿，向黨委提意見，說什麼他以廠長身份「命令」沈必須為他服務……。丁一書記告知後，我也不睬他。

關於陳鯉庭在1960年9月14日請姚文元對《魯迅傳》提意見，是確有其事的。但我認為這是很普通徵求意見，沒有什麼了不起，也不能說明什麼問題。所以沒有找出給他。姚文元對《魯迅傳》的意見，原件如下：

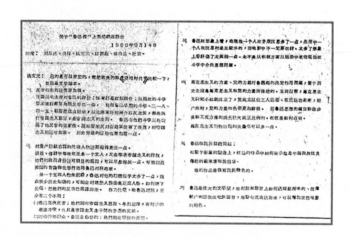

姚文元當時對《魯迅傳》提了「總的是可以肯定的」六點意見。陳鯉庭想用姚文元和夏衍的這兩份材料，作為「抵制」夏衍的證據，使我不以為然。

工作組聽陳鯉庭講，夏衍親筆修改《魯迅傳》劇本在沈鵬年處，還有夏衍、陳荒煤談話的記錄，都在沈鵬年處……。

　　工作組要我交出來……。我拖延了幾天，盯得很緊。不交是「立場」問題。我只得把夏衍的四稿（手稿本）交了出來。

　　（據北京魯迅研究室的研究員葛濤先生寫信告知：夏衍的《魯迅傳》手稿，現在入藏在北京「中國現代文學館」珍本櫃內。）

　　其他材料，我說都處理掉了，沒有交出。

　　陳鯉庭談起《魯迅傳》劇本下集的手稿，也在沈鵬年處。

　　工作組對此很感興趣，一再向我追索。

　　我想：《魯迅傳》上集的內容，從辛亥革命、五四運動、三一八慘案到1927年北伐。和當前批「三十年代」不搭界，所以我交了出去。

　　《魯迅傳》下集內容，寫了1930年「左聯」成立、魯迅與瞿秋白的友誼等等。當時批判「李秀成的自白書」是向敵人乞降，一下子把「忠王」打成叛徒。而瞿秋白的《多餘的話》被毛澤東主席批判後，八寶山瞿秋白的墓碑也砸了……。如果交出《魯迅傳》下集，必然要追葉以群、杜宣、柯靈的政治責任。而且可以上綱為王明路線翻案，這還了得。……我硬著頭皮說沒有收藏。受到很大壓力也沒有交出；工作組還指名追索夏衍對《魯迅傳》四稿處理問題的長篇談話，說這是為批判夏衍路線立功。

　　我在思想深處原來對夏衍很同情，為他抱病修改劇本結果大失面子……。我實在不忍再「落井下石」，說「早已處理掉了」……硬是頂著未交。

　　現將這些材料原件附印如下：

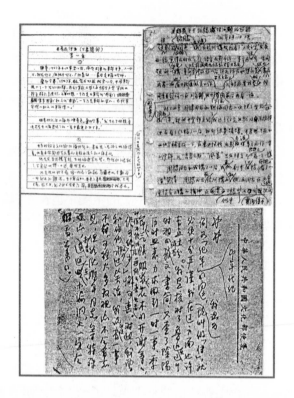

十、四十年來圍繞《魯迅傳》湧起三次「餘波」

　　事實證明：「《魯迅傳》作品無問題」（陳白塵語），上影「暫停投產」是「由於對劇本的意見無法統一」，導演生病住院——這就是《魯迅傳》停拍的前因後果。

　　《上海電影志》明確記載：「由於對劇本的意見無法統一，後報請中共中央宣傳部同意，決定暫停投產」——現將事實經過例舉如下：

1961年2－3月	導演陳鯉庭與編劇陳白塵、葉以群、杜宣的「意見無法統一」；
1961年8月	導演陳鯉庭聯合了編劇陳白塵，與劇本修改者夏衍的「意見無法統一」；
1961年12月	導演陳鯉庭與定稿執筆者陳白塵的「意見無法統一」；
1962年1月	市委宣傳部副部長、上海電影局黨委書記楊仁聲代表市委「授權」陳鯉庭，「對劇本的意見」有權在《分鏡頭劇本》中解決；
1962年2月13日	天馬廠給市委宣傳部、文化部、中宣部報告：《魯迅傳》文學劇本定稿，請「授權」導演寫《分鏡頭本》作為拍攝的依據。
1962年3月9日	上海市電影局《滬影（62）丁藝字第007──2號報告》，轉達市委書記意見：同意「授權」導演《分鏡頭》作為拍攝的依據。
1962年3月23日	文化部發來《文（62）電夏字第297號批文》：同意《魯迅傳》定稿，授權導演寫《分鏡頭本》作為拍攝的依據。
1962年3月	《魯迅傳》攝製組擬訂《魯迅傳》開拍工作計畫。
1962年4月	陳鯉庭「命令」副導演衛禹平與資料組沈鵬年同去杭州、紹興訪問張宗祥、許欽文、黃源、周冠五、馬可興、章介眉的如夫人等記錄及收集資料。回滬後向陳鯉庭匯報。

1962年5月	陳鯉庭「命令」副導演衛禹平、夏天，資料沈鵬年，製片湯麗絢，場記劉恩玉去上海圖書館、徐家匯藏書樓找他要的資料（如辛亥革命到民國初年，社會各界人士議論和關心的是什麼等花絮）供他「卡片編劇法」（湯麗絢語）之用……。
1962年5月－6月	導演陳鯉庭與主演趙丹、副導演夏天、衛禹平在如何寫《分鏡頭劇本》的「意見無法統一」；趙丹與陳鯉庭大吵了幾次後回海燕廠「待命」，等待《分鏡頭本》出來後再到天馬廠來拍戲。陳鯉庭因病住院……。
1962年6月起	副導演夏天對這種作法有意見，回海燕廠「待命」。
1962年7月起	副導演衛禹平因譯製片有任務（譯製外語片）借去配音。
1862年9月8日	文化部副部長夏衍來上影瞭解「1963年至1964年度影片劇目、攝製安排計畫」。《魯迅傳》開拍工作計畫原訂6月編寫分場綱要（即場景表），8月編寫《分鏡頭本》，10月排戲試拍……。
	夏衍看到《魯迅傳》攝製工作按兵不動，導演分鏡頭本一字未寫，向局、廠領導強調指出：「《魯迅傳》影片，是非拍不可了。既然要拍，是否就力爭在1964年上半年完成，作為建國十五周年的上映劇目。」

電影〈魯迅傳〉籌拍親歷記

1962年9月－11月　天馬廠黨委書記丁一同陳鯉庭商量《魯迅傳》
　　　　　　　　　　拍攝補救方案，陳鯉庭沒有同意。

1962年12月　　　　天馬廠副廠長兼《魯迅傳》副導演齊聞韶正式
　　　　　　　　　　宣佈《魯迅傳》攝製組解散。攝製人員分配至
　　　　　　　　　　新的其他劇組。

　　——事實非常清楚。但是「欲加之罪，何患無詞」，有人要
借此興風作浪。

第一波、「文革」初：誣稱「黑幫詆毀魯迅大陰謀」，逼死葉以群

　　孫雄飛在《籌拍歷史巨片〈魯迅傳〉始末》中寫道：

　　「文化大革命開始了。1966年6月29日張春橋在上影廠作動員報告。他說，這一次非把問題徹底搞清楚不可，不搞清楚寧可關門不拍電影。在他的指令下，新的工作隊又開始追查《魯迅傳》的問題了。同年7月23日，《青年報》發表《粉碎周揚在〈魯迅傳〉創作組的政治陰謀》……」——這是「文革」開始時第一篇批判電影《魯迅傳》創作組的文章。《青年報》篇幅雖小，來頭不小，因為該報的負責人之一游雪濤與張春橋有密切關係，發表這篇文章的背景就是張春橋。（姚文元批判周揚還在半年以後。）

　　當時原《魯迅傳》創作組組長葉以群在外地搞「四清」，張春橋「勒令」他回到上海。

　　《始末》還寫道：「一天傍晚，沈鵬年（應約）悄悄地去探望葉以群。葉以群本人也承受著沉重的壓力，但他很鎮靜，聽

到資料已安全轉移，便放心了。說『我們搞《魯迅傳》是根據總理指示，決不是政治陰謀。周揚在劇本發表後提了意見，他把情況向中央反映，得到中央肯定，也不是政治陰謀。』……臨別時，……兩個共產黨員在黑夜中默默地握手告別，沒想到這卻是最後的訣別。」——因為一個星期以後，《文匯報》發表整版長文《徹底粉碎周揚黑幫詆毀魯迅的大陰謀》，刊載的地位、聲勢幾乎同姚文元《評〈海瑞罷官〉》相仿，其時是1966年7月31日，第二天《解放日報》全文轉載。據說該文的後臺是張春橋直接抓的「丁香花園」寫作組。第一篇是小打小鬧，只點周揚一人；第二篇是重炮猛轟，上綱為「周揚黑幫」。第一篇說周揚插手《魯迅傳》，「其最終目的，就是要打倒三十年代魯迅所提出的『民族革命戰爭的大眾文學』的無產階級文藝路線，而肯定周揚自己提出的『國防文學』的修正主義文藝路線。」第二篇長文則上綱上線誣為「這是文藝黑線全線出動，文藝黑幫傾巢而出的反黨陰謀」，「通過拍攝《魯迅傳》是為篡黨、篡政、篡軍和復辟資本主義作輿論準備。」

　　——據說張春橋派了「爪牙」去威逼葉以群「交代《魯迅傳》創作的全部活動和黑後臺」。

　　葉以群不肯昧著良心去玷污周總理的光輝形象，不願用自己的筆去出賣和踐踏自己的靈魂……決心寧死不屈。

　　《始末》最後寫道：「很明顯，張春橋通過批判《魯迅傳》，陰謀反對周總理。1966年8月2日清晨葉以群（被逼）跳樓身亡。當張春橋知道以後，陰險地說：『一根線斷了！』……」（出處同上）

張春橋為什麼說「一根線斷了！」因為葉以群以身殉志，用生命對抗張春橋的誣陷迫害以後，就使得張妄圖通過葉以群這「一根線」，進一步反對和陷害周總理——這第一波的陰謀落空、破產了。

第二波、「文革」中：把《魯迅傳》執筆者陳白塵從南京揪回北京

1966年8月起，毛澤東在天安門城樓連續接見數以百萬計的紅衛兵。張春橋升任「中央文革」副組長。1966年年初由原單位北京中國作家協會下放到南京江蘇省文聯的《魯迅傳》執筆者陳白塵，1966年9月12日又被「揪」回北京接受審查。

據陳白塵《牛棚日記》1966年9月29日所記：

「9月29日星期四，下午二時《人民文學》編輯部召開鬥爭我的會。會前服『眠爾通』二片，以平靜心境。大家高呼『打倒』口號，『歡迎』如儀。我欲拿寫好的材料念，不允，只是提出問題令回答：

①解放後與周揚的關係以及如何炮製電影《宋景詩》的；
②對《武訓傳》是如何吹捧的；
③《魯迅傳》寫作經過及如何執行周揚指示的……
其中的重點則在追問《宋景詩》、《魯迅傳》二劇上。於是暢談兩劇經過達三四小時。其間不斷提出疑問，尤其對《魯迅傳》劇本第四稿（夏衍手筆）的風波加以非

笑。……我能暢所欲言，頗覺舒暢。」（見大象出版社
2005年出版《緘口日記》第8頁）

陳白塵《牛棚日記》1967年8月8日又記：劇本查不出問題，
進而查歷史問題。

「8月8日星期二，外邊有人來抄錄我的有關《魯迅傳》寫作
經過的大字報。」

「8月22日星期二，上海天馬廠來人談陳鯉庭歷史，特別注
意其1935年被捕及1939年去西北問題。但對此二事我均茫然。我
於1937年初才與他有較多聯繫，不知其被捕事。上海業餘劇人協
會在成都解體後他去西北，即斷了聯繫。1940年他到『中制』才
又見面。而來人偏說我和他同時在西北教書，真是不可理喻！解
放前我從未去過西北地方，這將牽涉到我的歷史問題，作聲明報
造反團。」──（見同書第37頁）

按：1967年8月，廠革會副主任魯耕把我從牛棚調出，搞
「批判三十年代文藝黑線展覽會」。魯耕傳達市革會領導的指
示，說陳鯉庭在《魯迅傳》組是抵制夏衍的。他的問題是被捕
後發表反共聲明和去山西為閻錫山演反共話劇《慘霧》等歷史問
題。陳鯉庭交代是和陳白塵同去西北教書，但陳白塵說沒去過山
西，沒有在「西北教書」。因此市革會批示「將陳鯉庭拘留審
查」……。我聽到魯耕的話，可為陳白塵日記佐證。

──《魯迅傳》上集所寫的內容，從1910年至1927年。前半
部共產黨尚未成立；後半部距三十年代相差四、五年，無從上綱
上線，批判也就「虎頭蛇尾」，不了了之。所以，1969年8月10

日陳白塵在《日記》中寫道:「《魯迅傳》作品中無問題,就不會再有大問題了。」(見同上書第91頁)

但並沒有放過他們,轉而追查他們的「政歷問題」。把《魯迅傳》擱在一邊,幾乎不再過問了。

第三波、二十多年來歪曲事實、誣沈鵬年導致《魯迅傳》下馬

1976年10月黨中央逮捕「四人幫」,「文革」宣告結束。十一屆三中全會使國家進入了「改革開放」的新時期。原《魯迅傳》主角趙丹卻患絕症住進了醫院。他在病中念念不忘的是《魯迅傳》。

1980年10月8日,趙丹在《人民日報》發表文章,表達了「二十年拍不出《魯迅傳》」的遺憾,引起了國內外媒體的注意——特別是港、台和美國、日本的輿論,以此為證,攻擊中共「不能領導文藝」……。於是上影廠的孫雄飛應《大眾電影》約稿,寫了《籌拍歷史巨片〈魯迅傳〉始末》,解答了「《魯迅傳》電影已著手籌備,後來突然銷聲匿跡——這到底是怎麼回事?」的問題。

孫雄飛請示了原天馬廠黨委書記、當時的上海市電影局副局長、上影廠黨委書記丁一同志,實話實說,寫了這樣一段話:

> 「但願影片拍得快,不僅是演員們和電影工作者的心願,也是廣大電影觀眾的期望。然而,生老病死是不可抗拒的自然規律,導演在這時勞累生病了。影片《魯迅傳》的拍攝暫時擱置了下來。」

現猶健在的《魯迅傳》主要演員，許廣平扮演者于藍同志，最近在文化藝術出版社出版的《名家口述中國文藝》中也說：

> 「1961年我們準備演《魯迅傳》，我演許廣平，我們也是下了很大的工夫，……後來由於導演病了，就這樣把這個事情給耽誤了，趙丹也很遺憾，我也很遺憾。」

——這就證明孫雄飛文章寫的是事實，不過漏寫了一句「由於對劇本的意見無法統一，後報請中共中央宣傳部同意，決定暫停投產。」——引起了一場新的風波。

新的風波因孫雄飛文章引起，有人看到「導演生病、拍攝擱置」很不舒服。陳漱渝先生公開向孫雄飛（田一野）開炮，寫出《〈大眾電影〉刊登的一篇不實之文》，（簡稱《不實之文》）發表以後，連續收入《魯迅史實求真錄》的初版和增訂版中。《不實之文》寫道：

「……上影廠的一位著名導演說：一九六四年『四清』，電影界的目標是清除所謂『夏（衍）陳（荒煤）路線』。上海市委派張春橋等到天馬電影製片廠和海燕電影製片廠『蹲點』。因為《魯迅傳》攝製組人員最多，張春橋決定直接下這個組，迫令大家揭發問題。張春橋下組的那天，《魯迅傳》的導演不在場。大家不說話，副導演也不說話。這時沈鵬年首先發難：『春橋同志，我來講講。』他先揭發趙丹、夏天的所謂問題，接著又把攝製組到紹興體驗生活，途經杭州向周揚、夏衍同志請示工作說成『遊山玩水』。張春橋聽後當即表態：『這不是裴多菲俱樂

部嗎？」不久，有關方面正式傳達了張春橋的『指示』：『電影《魯迅傳》攝製組的黨組織爛掉了。』……」

──《不實之文》編造歷史、歪曲事實，把導致《魯迅傳》下馬的責任歸咎於沈鵬年!?原件如下：

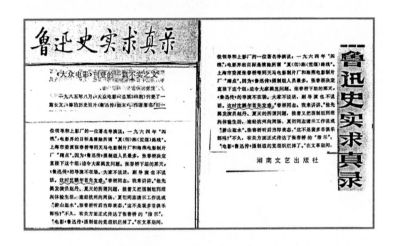

　　陳漱渝本人不在現場，繪影繪聲編造的這段材料是聽「上影廠的一位著名導演說」的。而這位「上影廠著名導演」就是「那天不在場」的「《魯迅傳》導演」。──不在現場的陳漱渝聽了「不在場的《魯迅傳》導演」的臆測，「盲人摸象」，其可信度是值得懷疑的。

　　陳漱渝《不實之文》的這段話，至少有三點不符事實。

　　第一、地點不符事實──《魯迅傳》攝製組早在1962年12月解散。陳的《不實之文》說：在1964年，張春橋決定直接下人員最多的《魯迅傳》攝製組──不是「活見鬼」嗎？

第二、對象不符事實——在「清思想、清政治、清經濟、清組織」的「四清」動員大會上，張春橋要大家揭發⋯⋯。全廠群眾聽說「在三年自然災害期間，《魯迅傳》攝製組電影鏡頭一個未拍卻花去國家資金五十多萬元⋯⋯」，群情激憤，紛紛揭發。當事人原《魯迅傳》製片也義憤地寫了《關於〈魯迅傳〉組的鋪張浪費情況：以『下生活』為名，遊山玩水是實》的書面揭發材料，原件如下：

這位製片還義憤地寫道：

「《魯迅傳》組通過舊文化部（因舊文化部部長茅盾已撤職，新任的文化部部長是陸定一，副部長是石西民等。）借調了一些三名三高人物，擔任主要創作人員。陳鯉庭要求一定要接待好。當時正值三年自然災害時期，副食品供應比較緊張。《魯迅傳》組把主要創作人員當精神貴族，⋯⋯處處特殊待遇，高踞勞動人民之上。」

原件如下

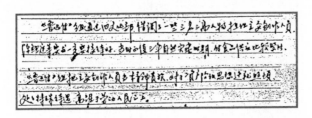

　　陳的《不實之文》把全廠群眾和製片義憤的揭發說成是沈鵬
年的「揭發」，這是「牛頭不對馬嘴」。

　　第三、內容不符事實——當時從海燕廠（與天馬廠一牆之
隔）傳來的所謂「揭發」，說趙丹在《魯迅傳》攝製組北京討論
劇本期間，發生了「婚外戀」要與黃宗英鬧離婚等等，張春橋便
對海燕廠說什麼「《魯迅傳》的黨組織爛掉了」——這件事沈鵬
年並不知情、毫不相關。與製片也無關。但這件事導演陳鯉庭是
知道的。據說趙丹和陳鯉庭談過。趙丹的女兒趙青在《我和爹爹
趙丹》一書中直言不諱地寫道：「趙丹、黃宗英夫婦缺乏共同語
言，家庭生活不和諧，使得趙丹常感煩惱苦悶。此時他準備與黃
宗英好離好散。『南國紅豆』進入了他的生活，給他帶來了一片
癡情。」（原件如下）

　　——陳的《不實之文》說「沈鵬年首先發難，『春橋同志，我來講講。』他先揭發演員趙丹、夏天的所謂問題」——完全是無中生有的編造。把別人「揭發趙丹」硬說是沈鵬年，「張冠李戴」、欲加之罪。

　　當時的天馬廠副廠長、「文革整風」學習小組副組長葛鑫同志看了陳漱渝的《不實之文》，寫文予以辯正。題為《電影〈魯迅傳〉引起的疑案——駁陳漱渝的〈不實之文〉》，列印百份分寄各有關單位。

　　葛鑫同志以親身經歷的事實逐條駁了陳的《不實之文》，嚴正指出：

> 「從1964年以來，沈鵬年的黨的組織關係與我同屬一個黨支部。……目前我是他所屬黨支部的支部書記。對於沈鵬年其人其事，自信比陳漱渝清楚得多。」認為「陳漱渝以

一個不明真相的局外人，連一些基本事實都搞不清楚，卻在《不實之文》中侈談什麼孫雄飛文章嚴重失實」，「把精神污水潑向沈鵬年身上，……顛倒是非，無中生有地對沈鵬年進行人身攻擊。」「為了對歷史負責，特以事實予以正誤……。」

葛鑫同志的原件如下：

葛鑫同志以當事人身份對陳的《不實之文》予以辯正，但未能為廣大讀者看到。年輕的魯迅研究工作者葛濤先生不明真相，照抄了陳漱渝的《不實之文》，在《魯迅文化史》和《新文學史

料》刊載《許廣平與電影〈魯迅傳〉……》的專文中依舊照抄了對沈鵬年的不實之詞。葛濤寫道：

「1964年『四清』運動期間，電影界的目標是清除『夏（衍）陳（荒煤）路線』，張春橋到天馬電影製片廠和海燕電影製片廠蹲點，並直接下到攝製人員最多的《魯迅傳》攝製組。沈鵬年首先揭發演員趙丹、謝添的問題，接著又把攝製組到紹興體驗生活，途經杭州向周揚、夏衍請示工作說成了『遊山玩水』。張春橋聽後說：『這不是裴多菲俱樂部嗎？』不久，有關方面傳達張春橋的指示：『電影《魯迅傳》攝製組的黨組織爛掉了。』由此，《魯迅傳》還沒有正式開拍就被迫下馬。這不僅給已經為之付出了許多心血的《魯迅傳》創作組和攝製組的眾多成員留下了永遠的遺憾，而且也為全力支持該劇創作的許廣平留下了永遠的遺憾。」

葛濤先生的原文如下：

葛濤先生來上海參加學術活動之際，曾至蘇州相晤，見惠《魯迅文化史》等大著。談起對我的種種訛傳並看了《魯迅傳》攝製組原始文件，他說應該把這些原始資料公諸於眾。最近他發表的有關電影《魯迅傳》研究論文，對過去訛傳有所糾正。現將葛濤先生與我的合影附印於此，希望「不實之詞」的「餘波」得以平靜，並作為「學術公器」的見證。

　　蘇淵雷教授生前是我「忘年知己」，認為我參加《魯迅傳》籌攝是奇緣，不可不記。他說「往事如夢，夢憶成書，是人生一樂」。題詩相贈，詩云：

　　會友輔仁扮社好，徵文考獻意尤勤。
　　平生卓犖真無忝，夢憶成書思不群。

　　《電影〈魯迅傳〉籌攝實錄》草草成書，正是：回眸五十年前事，一卷文攜冰雪心。算是對夏衍、以群、白塵、杜宣、柯靈諸前輩的紀念。

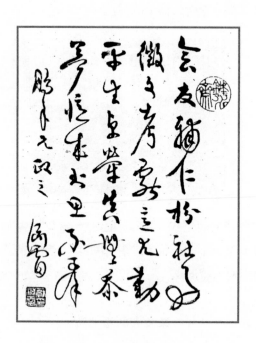

電影〈魯迅傳〉籌拍親歷記

第十章　尊重歷史事實、澄清三重迷霧

　　1961年春，我與趙丹、藍馬、于藍、石羽、謝添、于是之、夏天、衛禹平等影劇藝術名家「連袂」訪魯迅故鄉紹興，瞻仰魯迅好友陶成章烈士「陶社」遺址而有東湖之行。湖畔奇峰穿雲，懸崖溶洞詭秘，疑是天外飛來。趙丹寫生，于是之題辭，志一時之盛。趙畫贈我，置壁間春秋五度，「文革」被掠。是之題辭夾於《野草》書中幾半個世紀，居然倖存。今春重蒞東湖，湖山無恙，奇峰依然，人事已非，感慨繫之。今有奇峰留影、是之手跡為證：

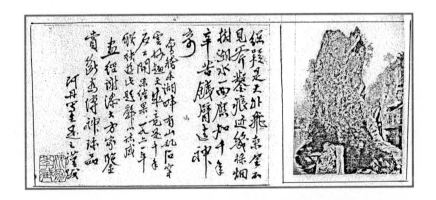

偶於坊間閱覽書刊，有述電影《魯迅傳》舊事者多種，俱為局外人所著。天花亂墜，演繹離奇故事；穿鑿附會，致使面目全非。記《魯迅傳》停拍「下馬」、往往「瞎三話四」；說電影局天馬廠所印內部參考之《魯迅有關史實年表》、憑空誣為「別有用心的捏造」；更為荒唐的，經官方有關部門批准油印「內部資料」《魯迅傳創作組訪談記錄》被污蔑「文壇謠言」——誣指為「罪魁禍首」者、三「罪」集於一身，竟然區區沈鵬年。

　　南北交爭，刀筆齊施，魯研「專家」充「殺手」、不惜「造謠」復「詛咒」，甚至揚言「不容於世」，竟欲置我死地而後快。混淆是非，顛倒黑白，幾若太古洪荒天造草昧之難考。「真誣假時假變真」、「假作真時真亦假」，誠如謝其章先生所謂：對我「誤解的勢力是很大的」。……

　　然而，歷史事實客觀存在正似東湖奇峰，兀立天際。于是之題辭：「應知千年辛苦，鐵臂造神奇」。人世風波，歲月滄桑，未曾損及奇峰的存在，客觀存在的事實豈能任意抹煞。只有實事求是理清歷史的脈絡，用事實來說明問題，才能顯示歷史的本來面目。

　　胡繩先生名言：「此心不與年俱老，塵凡多變敢求真。」為了尊重歷史事實，特予澄清如下：

第一重迷霧：《魯迅傳》「停拍」與市委第一書記柯慶施無關。

——「停拍」原因《上海電影志》早已明確記載，豈能歸咎於《魯迅》劇目原創者柯慶施!?

電影《魯迅傳》為何「暫停投產」而「停拍」？

1999年10月出版、吳貽弓主編、張元民、杜文林、姚國華、陳朝玉副主編的《上海電影志》明確記載：

「由於對劇本的意見無法統一，……報請中共中央宣傳部同意，決定暫停投產。」

但在2008年10月出版的《遙遠的愛——陳鯉庭傳》中卻寫道：

「《魯迅傳》經過三年的籌備，終於漸趨成熟，每個人物的定裝照都出來了，只等陳鯉庭一聲『開麥拉』。趙丹是個急性子，一再催促『該上場了』。誰知天有不測風雲，就在即將宣佈正式開拍的1963年3月初，陳鯉庭垂頭喪氣地趕到攝製組，給大家帶來一個『噩耗』——辛辛苦苦籌備了三年的《魯迅傳》停拍！這個晴天霹靂打得大家暈頭轉向，尤其是陳鯉庭和趙丹。這時候的趙丹腦中一片空白，眼前一陣發黑，耳邊一陣轟鳴。為什麼？他抓住陳鯉庭想知道究竟。為什麼？陳鯉庭也想問，但他只會搖頭，無奈地告訴大家，上海市委宣傳部部長石西民支持拍《魯迅傳》，可是他的上級——市委書記柯慶施提出的口號是『大寫十三年、大演十三年』，由於魯迅不是解放後的新

生事物，這個選題就被『派斯』了！」（見該書第123頁）原書
如下：

　　據1997年4月北京三聯書店出版、《魯迅傳》執筆者陳白塵
在《對人世的告別》一書中所寫：上海市委第一書記柯慶施在
1963年批准《魯迅傳》拍攝。

　　1963年3月，柯慶施根據毛澤東意見提出「大寫十三年」之
際，正是陳白塵執筆《魯迅傳》上集由上海文藝出版社出版，初
版三萬冊頃刻銷售一空，立即再版。陳白塵在《對人世的告別》
中寫道：

> 「《魯迅傳》上集作為一本電影的『書齋劇』來印行吧」
> 這段話自然是牢騷語。（按：是對導演未能接受開拍而說
> 的『牢騷語』）……上海的那位『好學生』（即上海市委
> 第一書記柯慶施）已經提出『大寫十三年』的口號，我不

能沒有一點預感：這個包括不進十三年的題材是否還能夠拍攝下去？不久，張駿祥同志（上海市電影局局長）到北京來告訴我：上海電影局所屬各廠的歷史題材的電影一律下馬了。但《魯迅傳》作為唯一例外，被『好學生』（市委第一書記柯慶施）恩准繼續拍攝。（按：《魯迅傳》劇目的提出，柯慶施是原創議人之一。）這真是『皇恩浩蕩』了！我想，那末到魯迅逝世四十周年時，（按：這裏是白塵筆誤，四十周年是1976年10月19日。應是三十周年1966年10月。）這部電影總可以問世了吧？」（見該書第789頁）原件如下：

不言而喻，柯慶施批准《魯迅傳》「繼續拍攝」——顯然是周恩來總理的影響所致。——可惜陳鯉庭依然在醫院療養，又失去了這一次「繼續拍攝」的良機。

——由此可知：于藍所說「由於導演病了，就這樣把這個事情給耽誤了」；孫雄飛所寫：「導演……生病了，影片《魯迅傳》的拍攝……擱置了下來」是符合歷史事實的。

　　就是在「四人幫」、「樣板戲」統治電影領域時，「石一歌」寫作組編造出版《魯迅傳》、《魯迅的故事》的同時，還在挖空心思編電影劇本；1976年9月，上海電影製片廠拍攝彩色記錄片《魯迅戰鬥的一生》，可見《魯迅》這個劇目在「文革」十年中在上影廠從來沒有「派斯」過。證據如下：

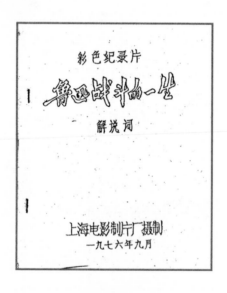

　　由此可知：說什麼柯慶施提出「大寫十三年」而迫使《魯迅傳》「停拍」；因為「魯迅不是解放後的新生事物，這個選題就被『派斯』了」的說法，都是天方夜譚、不符事實，站不住腳的，完全是虛構的「故事」。……

據《人物雜誌》發表對陳鯉庭的專訪《中國話劇與電影的最後元老》所寫，高齡93歲的陳鯉庭說他在1927年「迷上了魯迅」。然而，1958年拒拍以群編劇的《艱難時代——魯迅的故事》；1961年春又拒拍陳白塵執筆的《魯迅傳》三稿本；1961年秋，又拒絕夏衍修改的《魯迅傳》四稿；1962年第四次拒拍陳白塵執筆的《魯迅傳》定稿……；荏苒三年，「對劇本的意見無法統一」，《分鏡頭本》一字未寫，拍攝《魯迅傳》坐失良機、功敗垂成——他究竟「迷上了魯迅」的什麼呢？到了2008年又虛構了所謂「魯迅不是解放後的新生事物，《魯迅傳》這個選題就被『派斯』了」的故事，究竟是誰「派斯」了《魯迅傳》？豈不耐人尋味……。

第二重迷霧：《魯迅及有關史實年表》絕非「別有用心的捏造」

——《年表》為攝製工作奉命編著，馮雪峰不明真相妄加指責、不符事實

　　籌攝電影《魯迅傳》，編劇、導演、演員和攝製組工作人員都需要瞭解魯迅生平、時代背景和有關歷史。為此我奉命把自己掌握和積累的資料，突擊編著《魯迅及有關史實年表》，時間倉促、尚待修訂。注明「內部參考、不得外傳」。不料包子衍從「石一歌」那裡弄到了這份內部資料，寫信找馮雪峰詢問。馮雪峰遭難已久，不明真相。沒有看到《年表》原書，從包子衍信中

提問回答，聽說是奉夏衍之命編寫，便指責《年表》「別有用心的捏造」。對我的不實之詞見於《新文學史料》1979年8月出版的第四輯。原書如下：

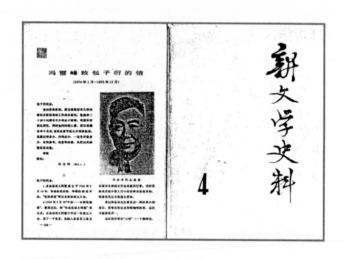

其實，馮雪峰對我編《年表》中的一些史事，未加核對，妄下結論「別有用心的捏造」，是對我的誣陷不實之詞。

他否定我在《年表》中的歷史事實，共有六件。事實真相如下：

其一：關於「魯迅五十壽辰紀念會」——誣我「捏造」

我在《魯迅有關史事年表》（以下簡稱《年表》第95頁寫道：

「1930年9月17日，（魯迅）出席左聯『慶祝魯迅50誕辰紀念會』。由黨團書記華漢（即陽翰笙）同志主持，並致詞稱『魯迅同志』。」原件如下：

我的依據是1960年4月24日陽翰笙同志的談話記錄。他
說道：「慶祝〔魯迅先生〕五十歲生日的會上稱他『魯迅同
志』……」原件如下：

馮雪峰給包子衍的信中寫道：

「17日事是由幾個人提起，即請史沫特萊去與荷蘭人開的一個高級菜館聯繫，每人自帶四元錢，參加的人是事前聯繫好的，人不多，（沈按：《魯迅日記》記載是22人——不算少了）沒有什麼儀式，……我沒有留下華漢主持此會的印象。」（見《新文學史料》1979年第四輯第145頁）

馮雪峰最後說：「沈某的《年表》等，……聽人說過大部分是『捕風捉影和另有用意而捏造』的，現在看到你（包子衍）引用的幾條，好像確實是那樣的東西。」（同上《新文學史料》第146頁）

其二：關於「魯迅與蘇區代表見面」——又誣我「捏造」

我在《年表》第93頁寫道：

「1930年5月初，蘇維埃代表會議在上海召開。……（魯迅）與來上海出席蘇維埃大會之蘇區代表會見。魯迅對一兒童團代表之經歷極感興趣，擬寫入小說，後未果。」（原件如下：）

電影〈魯迅傳〉籌拍親歷記

我的依據是1960年3月18日《姚蓬子介紹的情況》。他說：

「蘇維埃第一次代表大會預備會議，蘇區來的代表中有一個十四、五歲的孩子，魯迅曾找了他好幾次，準備寫小說的。可惜小孩受了上海的繁華所迷惑，以後就沒有回蘇區去。魯迅也就沒有再寫了。」

——按：當時姚蓬子是陳賡同志領導的中共「特科」的骨幹，負責蘇維埃代表會的保衛工作。都是單線聯繫，馮雪峰沒有參加「特科」工作，是不知內情的。而其時，姚蓬子尚未叛變，與魯迅也有接觸。他的話是可信的。原始記錄如下：

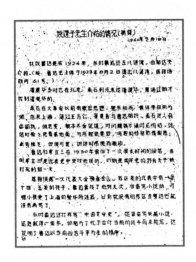

馮雪峰給包子衍的信中寫道：

「魯迅與蘇區代表見面，根本沒有這回事。魯迅當時是抵制立三路線的。」（見《新文學史料》同期第146頁）

——馮雪峰又斷定「是沈某的捏造」。

其三：關於「陳賡和魯迅第二次見面」──又誣我「捏造」

我在《年表》第105頁寫道：

「（魯迅）邀請自蘇區來滬之陳賡會見。由朱鏡我（當時中共江蘇省委宣傳部長）陪陳賡去北川公寓，向魯迅講述蘇區紅軍反『圍剿』戰爭中政治、軍事鬥爭情況。魯迅對農民生活極為關心，擬作《鐵流》式小說，並約定了第二次會晤的日期。後因陳賡被捕，未果。」原件如下：

我的依據是樓適夷同志1960年4月18日談話，後來又查到了樓適夷用金三筆名1936年10月在監獄中寫的悼念魯迅先生逝世的文章《深淵下的哭聲》，文中寫道：

電影〈魯迅傳〉籌拍親歷記

「（魯迅先生）尤其對於血火中的新中國的創造，先生的關心是無限的，每次有人從那些遙遠偏僻的戰地中來，先生常常請來打聽真實的情形，整幾小時傾聽著，不覺得有絲毫的疲倦。有時要求講的人畫出詳細的地圖……」——（見巴金主持文化生活出版社出版《魯迅紀念集》第四輯第49－50頁）原文如下：

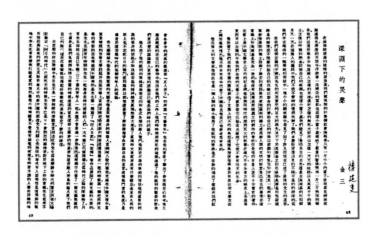

當時葉以群和杜宣研究後，認為魯迅與陳賡會見，如有兩次，那麼一次是馮雪峰陪同；另一次是樓適夷陪同。如果只有一次，那麼只能是樓適夷陪同，而不是馮雪峰陪同。因為《深淵下的哭聲》寫於1936年10月，距魯迅與陳賡會見只差三、四年時間，在獄中回憶，真實可信。而馮雪峰寫《回憶魯迅》是在事隔二十年以後，記憶可能有出入。為了對馮雪峰的尊重，《年表》中對馮、樓兩人的是非，沒有一字涉及。

馮雪峰在給包子衍的信中寫道：

「（魯迅與陳賡）再約第二次見面事，我沒有留下一點印象。但我想，魯迅先生如要再找陳賡，談話是以後隨時可以約的。」（見《新文學史料》同上輯第148頁）

　　——陳賡不幸被捕，馮雪峰竟然不知。否則不可能寫「再找陳賡談話是以後隨時可以約的」這樣的話了。——但他又認為是沈「捏造」。

其四：關於「魯迅與美國黑人作家休士見面事」——又說是「捏造」

　　我在《年表》第113頁寫道：

　　「（美國）黑人作家休士來中國。魯迅與其會見。」（原件如下）

我的依據是1960年4月18日訪廖夢醒同志的談話。

後來我在美國紐約曼哈頓黑人作家休士故居，找到《休士自傳》英文版《邊游邊想》，其中有休士自述在上海秘密會見宋慶齡、魯迅的經歷。我在拙著《美歐心影》根據《休士自傳》記錄了休士會見魯迅的一段史實。

馮雪峰給包子衍的信中寫道：

「（魯迅）與休士見面事，我從未聽他談過，也未聽人談過。」

——又斷為我「捏造」。

其五：關於魯迅「得柔石信『犯艸字嫌疑』……」又是「捏造」

我在《年表》中根據魏金枝先生所說寫道：

「1931年1月20日，得柔石信『犯艸字嫌疑，案情重大……』」。

原件如下：

我的依據是魏金枝先生的談話。1960年4月3日魏老詳盡地介紹了柔石的出身、學歷、經歷、與魯迅相識始末、入黨、參加蘇維埃代表會及犧牲的全過程。地點在鉅鹿路上海作協的會議室。談了一上午，意猶未盡，相約再談。過了二個多月，在淮海路上方花園弄口遇到魏老，魏老說上次談過後，又想起了一些事……。他說：「上次講了景雲里28號的二房東姓王，是個商人。後來想起了，他的名字叫王育和，是南京路上很大的一家鐘錶行慎昌鐘錶行當高級職員，是柔石的同鄉，為人不錯，是個好好先生，雇了女傭做飯，柔石和我的伙食就包在他那裏。上次講了不知是（1931年）1月24日還是25日柔石又通過獄卒，送來給我們的二房東姓王的。因為他是商人，不致發生意外，同時也是暗示要我們避開的意思。這個二房東就是王育和，他收到字條付給獄卒二塊大洋。我們把信請建人先生轉給魯迅先生，魯迅先生後來就寫入《為了忘卻的紀念》中。上次說『又通過獄卒』，因為這之前有過一張字條先送來的，比『又通過』那次早四、五天，大約20日左右，字條很簡單，只有『犯艸字嫌疑，案情重大……』十來字。二房東看了大驚，找我商量……。我勸二房東先墊付兩塊大洋打發獄卒，我還向他保證，這錢我們負責還你好了。……」

　　——我向以群彙報後，以群認為這「20日的字條」是柔石寫的第一信，魯迅先生的文章中沒有提及，可以在《年表》中提一句。這就是我寫入《年表》中九個字的由來。

　　馮雪峰對《年表》中這九個字，斷定我「捏造」，給包子衍信中寫道：

「柔石的第三信，我沒有印象；不過，我想，……什麼『犯了艸字嫌疑……』就可斷定不是真的了。此人（指沈）就專會捏造，但也隨處都立即暴露了自己的捏造。」（見《新文學史料》同輯第148頁）

其六：關於「反戰會……80餘人遭捕」——「居然敢於捏造」

「反戰會」即宋慶齡所說「遠東反對戰爭、保衛和平國際會議」。魯迅、茅盾、田漢發表《歡迎反戰大會國際代表的宣言》；夏衍、阿英通過藝華影片公司老闆招待反戰大會的國際代表。原件如下：

中共地下組織於1933年7月以「反帝戰爭大會籌備委員會」名義《號召群眾代表參加九月舉行之大會》，見伊羅生主辦的《中國論壇》；日本帝國主義和中國的反動派進行破壞，《中國論壇》發表《反戰會議力抗帝國主義的阻礙！》，同時刊登《北京、日本兩處的大批被捕！》準備參加會議的代表北京被捕25人；東京被捕10人，朝鮮代表過境也被逮捕。接著又發表《反對

帝國主義法西斯恐怖的抗議》、《反對白色恐怖的抗議》……。
被捕人數何止「80人」？原件如下：

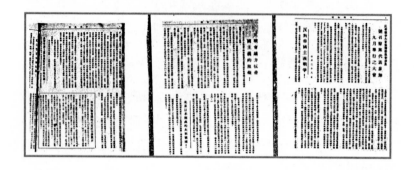

　　北平、天津和南京、上海解放以後，新華社為了揭露帝國
主義和國民黨反動派，在《人民日報》、《天津日報》、《新華
日報》、《解放日報》發表長篇歷史大事記《從「九一八」到
「七七」》，並由東北書店、民眾書店、新華書店出版單行本廣
為發行。在「1933年8月16日」的記載：
　　「16日，反戰大會籌備會，在上海被破壞，參加者80餘人
遭捕，解送南京都被屠殺。」（見民眾書店《從「九一八」到
「七七」》第20頁
　　我在《年表》的「國內外大事」欄中引錄了上述「8月16
日」的記載；在「國內外革命活動」欄內又據《中國論壇》等記
載引錄了「8月30日，反對帝國主義戰爭大會遠東會議在上海楊
樹浦路秘密召開。到東北、四川、河北、江西、廣東、廣西及各
產業工人代表60余人。」「9月，世界反戰大會遠東會議在滬勝

利閉幕，發表宣言。」「30日，上海反戰大會召開，宋慶齡作報告《中國的自由與反戰鬥爭》。」

在《年表》的「文化鬥爭記要」欄內根據一些原始材料寫道：「8月1日，左翼文化界舉行八一反帝大示威、歡迎巴比塞（法國著名作家）來滬運動。」「國際革命作家聯盟及巴比塞、羅曼羅蘭等發給中國大眾的信。」「18日魯迅、茅盾、田漢發表《歡迎反戰大會國際代表的宣言》。」「29日《反戰新聞》出版。」「30日黨領導了國際反戰大會遠東會議的籌備和開幕，並派夏衍等同志具體進行籌備工作，帶領與會人（即參加會議的人）化妝秘密到達會場，並勝利閉幕。」

在《年表》的「魯迅本事」欄內寫道：「（魯迅）參加反戰會議籌備會，魯迅說：『會是開成的，費了許多力，各種消息報上都不肯發表……，結果並不算壞，……我加入的。」「黨為了照顧魯迅的安全，不讓他親自出席，但在大會上被舉為名譽主席團之一。」「9月，反戰會議勝利閉幕後，魯迅出席了歡迎各國代表的會議，並與法國凡揚‧古久列會晤。」

在「有關人物記事」欄內，記了反戰會議工作人員「樓適夷9月16日被捕。」（原件如下）

我搜集了《中國論壇》等有關材料，卻在上海的各種報刊上無從核對。化了很大精力，終於覓得中共中央的機關報、秘密出版的《紅色中華》1933年11月26日出版的第129期，報紙頭版就是《國際反帝反戰大會專號》，其中在《大會的成功和經過》的第一節《帝國主義國民黨鎮壓和破壞大會情形》，報導被捕犧牲的超過「80餘人」；第五節《大會主席團》報導了「毛澤東、朱德、片山潛（日共領袖）、魯迅、高爾基（蘇聯）、巴比塞（法國）……為名譽主席。」原件如下：

　　我當時認為，在電影《魯迅傳》下集中，魯迅與「國際反帝反戰大會」是值得濃墨重彩表現的重要情節，構思處理得好，是能夠吸引觀眾、感動觀眾的。因此嚴肅認真地搜集了許多原始資料，比較全面地概括在《年表》中供主創人員參考。

　　馮雪峰卻在1974年4月26日給包子衍信中寫道：

　　　　「如『反戰會……80餘人遭捕，解送南京都被屠殺』
　　云云，這樣大的案件，沈鵬年也居然敢於捏造。」
　　　　「國民黨和帝國主義勾結千方百計阻撓破壞是事實，
　　但它敢於『屠殺80餘人』嗎？」
　　　　「在開會前後陸續被捕的人是不少，但與『80餘人』
　　距離是很遠的。」

「文化界歡迎外國代表的籌備會，事實上也只是一個
　　名義，無所謂破壞。」

　　──總而言之，馮雪峰把我在《年表》中的全部記錄，都斷
定為「居然敢於捏造」。

　　在1933年8月18日公開發表《宣言》歡迎國際代表的中國文
化界三位名人，魯迅先生早已逝世，田漢同志在「文革」浩劫中
遇害，健在的只有茅盾先生。我從黃源先生處獲悉馮雪峰對我的
非議，我寫信向茅盾先生請教。

　　茅盾即原文化部部長、《魯迅傳》顧問沈雁冰前輩，回信鼓
勵我說「我是支持你的。」把他的《觀劇偶占》寫贈給我：

　　日射臙脂旋欲融，西廂猶紀戶臨風。
　　夢中舊愛仍啼粉，覺後新歡已斷紅。
　　大澤龍蛇寧作幻，高門鸞鳳竟成空。
　　崔娘遺恨傳千古，翻案文章未易工。
　　　　　　──觀劇偶占　六〇年
　　鵬年仁兄　雨政
　　　　　　　　　　　茅盾印七三年十二月於北京

　　原件如下：

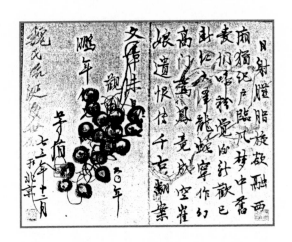

　　茅公要我寫答辯文章寄《新文學史料》顧問樓適夷先生，請樓適夷幫助安排在《新文學史料》發表，以正視聽。

　　我寫了《為電影〈魯迅傳〉服務的〈年表〉——答雪峰同志的指責》，連同雪峰1946年為我簽名影印的《書林》一冊寄給北京人民文學出版社樓適夷。樓老回信說：

　　　　鵬年同志：信、稿及《書林》一冊，收讀謝謝。稿當
　　轉交編輯部處理勿念。重翻馮文，他的原意，是指您所根
　　據的資料本身不夠真實。……

　　　　1933年反戰大會，因叛徒出賣，機關破壞，各處先後
　　陸續被捕的人不少，我也是身逢其會的，但一處捕八十余
　　人全被殺害的事，是沒有的。……則你所根據的那個材
　　料，實亦不確。……雪峰同志生前，可能未考察你材料根

據，在私人通訊中，對你的文字偶有微詞，問題在於今天仍有許多事須待澄清，責在後人也。專復 敬禮

　　　　　　　　樓適夷　十二月三日

（原件附下）

馮雪峰的私人通信在《新文學史料》公開發表，一再指責我「捏造」、「專會捏造」——已經不是「微詞」、而是誣陷不實之詞。——我的被誣「捏造」的「黑鍋」背了三十六年了。

　　樓適夷同志說「有許多事須待澄清」——試問對新華社1948編印的《從「九一八」到「七七」》的大事年表，全國各大圖書館仍在繼續流通，誰去「澄清」？至於中共中央1933年的機關報《紅色中華》的報導，是公認的原始資料，可信度勝過馮雪峰事隔四十年的模糊回憶，難道有「須待澄清」的必要嗎？再說南京

雨花臺烈士陵園的壘壘白骨難道也是「假」的嗎？──我的答辯文章被《新文學史料》扣壓三十六年不作「處理」。2009年《新文學史料》發表署名文章，以不實之詞對我進行人身攻擊。一百多年前，恩格斯面對德國「獨裁」統治的高壓，大聲疾呼「要尊重文字論戰的對等原則」。黨中央一再指出建設和諧社會要講公正公平，《新文學史料》、《中華讀書報》對我這個中共普通黨員一再以整版萬言長文對我大張撻伐；拒登答辯文章，是不符「公正公平」的精神的。

第三重迷霧：《魯迅傳創作組訪談記錄》絕非「文壇謠言」
──陳福康先生因《文匯讀書週報》發表《四十年前〈魯迅傳〉訪談記錄「浮出水面」》，便指責《文壇謠言重新泛起》是不實之詞

由於《文匯讀書週報》發表了頭版長篇報導《四十年前〈魯迅傳〉訪談記錄「浮出水面」》，在國內外引起很大反響，陳福康先生寫了兩篇萬言長文指責《訪談記錄》是所謂「文壇謠言」，對記錄者沈鵬年無中生有、人身攻擊；兩文還兩次涉及了有關證人：前華東師大的宋濤、原長寧區委的許愛興兩位同志。兩同志以「知情人」和旁證者身份，寫了三篇文章擺事實、講道理予以辯正。有的被刪節後發表於《中華讀書報》。原件如下：

該說的話，宋濤、許愛興兩位證人的文章中都談到了，三篇文章是：

① 究竟是誰在散佈「文壇謠言」？

　　——對陳福康誣陷沈鵬年同志的辯正

② 考查「周作人問題」的事實真相

　　——再對陳福康抨擊沈鵬年同志的辯正

③ 請看「不容於世」的由來和發展

　　——三駁陳福康對沈鵬年同志的抨擊

原文轉錄如下：

第一篇：宋濤、許愛興文章之一：

究竟是誰在散佈「文壇謠言」？
——對陳福康誣陷沈鵬年同志的辯正

《中華讀書報》10月20日以整版篇幅發表陳福康《當心文壇謠言的重新泛起》，用「文革」大字報語言抨擊沈鵬年同志，令人怵目驚心。

莫非沈鵬年果真散佈了什麼「文壇謠言」，以致遭此撻伐?!

非也，沈鵬年同志在「文革」期間受盡迫害，幾乎喪生。「文革」結束後仍被揪住不放，繼續被「複查」打擊了20多年。他安分守己，從未散佈什麼「文壇謠言」。

因為《文匯讀書週報》「頭版頭條發表了題為《四十年前〈魯迅傳〉訪談記錄「浮出水面」》的報導」，使他「氣憤難平」，找了「據說在澳大利亞」的沈鵬年當作發洩對象，將盆盆污水潑向沈的頭上……。

我們是「陳文」中被點名的「華東師大××和上海鐘錶元件廠×××」即宋濤和許愛興是也。作為知情者，我們有發言權、有責任分清是非、弄清真相。

一

「陳文」表示：「為了向歷史負責，向後代負責」，「並準備承擔一切應該承擔的責任」，宣佈沈鵬年：

「他的諸多劣跡」，「幹那種造孽的、缺德的事」，「在外招搖撞騙」，「竟然墮落到這種地步」，「因此身敗名裂……。」

事實真相究竟是怎樣的呢？沈鵬年究竟是怎樣的一個人呢？首先，請看沈鵬年所屬單位的黨組織，對他是怎樣評價的：中共上海文化廣播影視集團委員會在2004年1月頒發給沈鵬年的《榮譽證書》稱：

「沈鵬年同志：

被評為上海文化廣播影視集團離休幹部先進個人。特此表彰。」

上海文廣影視集團黨委在2004年1月19日的《文廣影視報》上公佈了表彰決定，發表了沈的照片和事蹟，原文如下：

離休幹部先進個人沈鵬年

上影集團離休幹部沈鵬年是一位對數百名白血病患者進行幫助的好心人。他十幾年來用自己的養老金、稿費等扶貧幫困，為救助白血病患者，共捐人民幣約十萬元。他每月拿出離休工資的四分之一，在里弄「結對幫困」，並通過吳縣腫瘤醫院院長和蘇州兒童醫院院長的幫助，開展了「為絕症患兒滿足最後的心願」的活動。他赴美國探親，將女婿給他的幾萬元美金捐助給美國的慈善機構和上海的白血病患兒。（原報見附件一）

其次，請看上海市一級的組織，是怎樣看待沈鵬年的：

沈鵬年是一個連續三次獲得上海市一級獎勵和表彰的革命老幹部。例如：上海市總工會在上海職工中評出沈為「上海市職工精神文明十佳好事提名獎」的10名之一；

上海市精神文明建設委員會在上海市民中評出授予沈「上海市社會主義精神文明十佳好事稱號」的全市10名之一。

還有，上海市委機關報《解放日報》和市委機關刊《支部生活》，也一再發表了沈的先進事蹟和照片。

上海電視臺的「新聞透視」，以《陽光之舉，照耀童心》為題，對沈的先進事蹟作了專題介紹，稱這位經常給絕症患兒送溫暖獻愛心的革命老幹部比喻「陽光老人」……。

著名記者強熒在1994年11月20日《新民晚報》發表的《生死之間》寫道：

「有一位離休幹部沈鵬年，常年關心愛護白血病孩，他給上海市兒童醫院的孩子們送來了兒童書籍，電視機，錄影機和遊戲機。（在病區設了『愛的小屋』，使病孩得到歡樂。）他想得特別周到，還給每一位孩子留下一個空白信封，上面寫著他家的位址，並貼上郵票，讓孩子們有事可找他。更難能可貴的是捐贈物品時，他一再囑咐醫生：『不要宣傳！』醫院就是在沈鵬年和另一位朱醫生的幫助下，建起了無菌『層流室』，讓失去免疫力的白血病孩得到有效治療和保護。如若蒼天有眼，也會為他們的愛心所感動。人與人之間真誠的愛，給了白血病孩無限的溫暖。」

2002年1月，世紀出版集團上海書店出版社出版發行了沈鵬年著《美歐心影》，這是他「出訪美歐所寫的散文隨筆。鵬年十年來發表的作品，主要結集在書中。我（宋濤）在《代跋——關於作者》中寫道：「我和鵬年都出生於20世紀20年代，一同師事毛澤東早年的戰友賀恕（即賀樹）烈士。」友誼已逾六十春秋，深知他的為人。「長期以來，鵬年甘於寂寞，埋頭工作。先後編輯了《歷史潛影》8輯，整理了中國佛教典籍《古尊宿語錄》，為移風易俗編撰《金剛經研究》。默默地為社會奉獻愛心。」

　　這一切事實，都見於報刊書籍的記載，難道在陳福康心目中都是所謂「造孽的、缺德的事」嗎？

<h2 style="text-align:center">二</h2>

　　「陳文」以揭露沈鵬年所謂的「劣跡」為名，自己捏造謊言，轉嫁於沈再加以批判。這種不正當的手法，倒是應該揭穿的。

　　「陳文」稱：「在上世紀80年代，（沈）還造了許多謠。例如他在某刊發表文章說，40年代後期上海地下黨組織曾把錢鍾書先生的小說《圍城》當作文件一樣組織討論學習。這種可笑的謊言似乎至今還沒有人批駁過。當然也實在不值一批的。」

　　這件事的真相又是怎樣的呢？

　　原來「陳文」說的「某刊」，是北京的《讀書》月刊。「陳文」說的「文章」，是沈鵬年1981年4月寫的《〈圍城〉引起的回憶》。

　　白紙黑字，原文俱在。我們翻遍沈文，並沒有「陳文」所說的這段話。為了真正「向歷史負責」，有必要把事實搞搞清楚。沈的原文如下：

「……有人（按，係指美國、臺灣、香港的一些學者和記者）說：在1948年，領導和指揮這場圍攻《圍城》事件的，是共產黨的地下組織。──經過調查，這種說法，並不符合事實。解放以前，地下黨上海市委的負責人是劉長勝、馬純古等同志。解放初期，劉長勝同志任市委第二書記兼上海市總工會主席；馬純古同志任市委常委兼勞動局局長。當時他們大力支持滬西區委舉辦『職員講習班』，都親自來講課。在講習班確定把《圍城》作為輔助參考讀物之前，滬西區委副書記安中堅同志指定陸君和我，一起向劉長勝、馬純古等同志進行走訪，……」終於弄清了歷史真相。

我在1983年5月寫的文章指出：「鵬年在接到腫瘤醫院手術通知的三天前，力疾寫了《〈圍城〉引起的回憶》，用歷史事實駁斥了反共反華的謬論，保衛了黨的光輝形象」。拙文後來發表在學術刊物。「陳文」作者不難看到。

這本來是為了澄清歷史事實、維護黨的形象、光明磊落的事。

可是「陳文」不但歪曲事實，還將解放後的「講習班確定把《圍城》作為輔助參考讀物」，篡改為「上海地下黨組織把小說《圍城》當作文件。」然後反咬一口，誣稱「沈造的謠言」。這種作法，是何居心？

三

「陳文」痛貶為所謂「兩大文壇謠言」之一，就是「毛澤東與魯迅會見」或「未見」之爭。這是學術問題，是學術研究中見仁見智的論爭。「陳文」把學術問題混淆為「政治問題」。即

便如此，在判斷是否是「謠言」之前，首先應該進行「事實判斷」。只有在弄清楚事實的基礎上，才能正確地判斷是「謠言」或者不是謠言。

新聞出版總署的《新聞出版報》，在1992年4月25日發表原任上海市委宣傳部文藝處副處長劉金同志的文章，題目是《不妨存此一說》。1997年12月作者將這篇文章收入上海學林出版社出版的《吹沙居亂彈》一書中。《陳文》中影射了劉金，很可能看到過這篇文章。

《不妨存此一說》的作者，以「毛魯會見說」這一爭論的旁觀者，提出了重要的佐證和歷史事實，作出了公正的判斷：

> 「早在1978年，我在上海市委宣傳部工作，看到《張瓊同志提供毛主席曾與魯迅會面的史料》」。「現在有人一口咬定，『毛魯會見說』是『沈鵬年（在1982年）偽造』的，這就太不實事求是了。」

原上海虹口區副區長張瓊的秘書鍾向東同志，1982年3月16日寫，並在《書林》雜誌發表的文中說：

「1978年6月27日，我到張瓊同志家給她整理回憶錄。張瓊同志在介紹她的已故愛人賀樹的情況時，講述了一段賀樹生前講過毛澤東曾會見過魯迅的情況。……據張瓊回憶，賀樹曾告訴她毛澤東與魯迅會面好象不止一次，其中有一次賀樹也在場。……當時我就作了原始筆錄。」

《解放日報》吳芝麟同志曾將這份回憶錄請上海市圖書館書

目部主任葛正慧同志據史實核對，指出細節有些誤記。張瓊就請葛正慧協助寫定了《毛澤東會見魯迅》的訂正稿。由虹口區上報市委宣傳部。這就是劉金在宣傳部看到的那份材料。

據《周作人日記》1920年4月7日，毛澤東君來訪。（魯迅在北京的第一故居八道灣）1961年10月8日，沈鵬年來訪，談甚久。贈其《過去的工作》等書2冊。——周作人同沈鵬年「談甚久」的內容之一，有毛澤東到八道灣會見魯迅這件事。

當張瓊的材料傳到北京的唐弢手中，卻被否定，並提出批評。1981年張瓊委託宋濤，要她的學生沈鵬年據周作人生前的回憶，寫篇文章為張瓊老師的回憶錄作旁證。我們持張瓊的便條，去找了當時沈的直屬上級上影創作組負責人葛鑫同志，取得組織同意後，沈才動手寫作。

沈在《周作人生前回憶實錄：毛澤東到八道灣會見魯迅》的結尾，特別寫明瞭這一點：

「毛澤東會見魯迅這一事實確為一些老同志所深知。中國共產黨的老黨員、革命老幹部，原上海市虹口區副區長張瓊同志就是深知其事的一人。……『四人幫』粉碎後，張瓊同志抱病寫下了這段重要的回憶錄。以周作人提供的情況和張瓊寫的回憶錄相印證，事實更為分明。……」（見《書林》1982年第一期，回答了唐弢等人對張瓊的指責。）

沈鵬年當時仍被上影廠在「審查」中，文章無法刊登。我們再去商請沈所屬黨組織的負責人葛鑫同志寫了書面證明，經過周折，層層審閱，沈文才得以在《書林》雜誌披露。葛鑫同志也有文章提到這件事。

試問：在當時這種情況下，尚在被上影廠揪住「審查」的沈鵬年，怎麼可能「捏造」這個「文壇謠言」呢？

為了有助於判斷事實，徵得劉金同意，將《不妨存此一說》作為附件之二，請公諸於眾。

四

《陳文》稱：沈「公然捏造的」另一「謊言」是：所謂「周恩來說周作人當漢奸是共產黨同他協商的結果。」

我們查閱沈鵬年20年來發表的全部文章，並沒有上述這句話。

中共上海電影總公司導演室支部書記葛鑫同志1995年7月在《中外論壇》雜誌發表《考查周作人「落水」之謎的風波》中說：

沈鵬年考查「周作人『落水』之謎」，得到上影導演室黨政領導一致同意和支持。他持上影的證明和介紹信，赴太原、北京、天津、南京、鄭州和西安等地，尋訪到與周作人這件事有關者40多位，都是80歲左右的老人，獲得許多第一手資料。他向室領導作了彙報。

1986年6月14日，上影導演室黨支部召集支委會，肯定了沈鵬年的調查工作。把沈鵬年這一學術調查寫進《整黨一年回頭看》報告中共上海市電影局黨委。葛鑫審閱了全部材料，在每份材料上寫了批註、簽名蓋章後，再加蓋「上海電影總公司導演室」的公章，以示慎重。

葛鑫同志還寫道：材料經組織同意後請南京師範大學主辦的內部刊物《文教資料》發表其中的12篇。不料，發表後遭到某些人（陳福康等）的不滿和反對。

「為了對歷史和人民負責，我便寫了《關於「周作人史料」的爭議》，自費印刷200份，寄給國內外的有關刊物和學者，說明事實真相。」

14年後，由南京師範大學的《文教資料》2000年第3期公開發表。

葛鑫在《關於「周作人史料」的爭議問題》中寫道：

「從去冬到今春（即1986年冬至1987年春）沈鵬年被蒙上了所謂『偽造周作人史料』的惡名。作為沈所屬黨支部的支部書記，我要鄭重聲明，這不是事實。」（見《文教資料》2000年第3期第68頁）

事實證明：《陳文》所謂「沈公然捏造的兩個謊言」，純屬誣陷不實之辭。

五

《陳文》稱：「本人……在某處冷攤偶然得到一份流傳出來的文件，……可稱是『寶貝』了。」這個「寶貝」，是「題為《關於沈鵬年偽造毛主席、周總理談話記錄等問題的調查報告》的文件。」「我在1987年12月北京魯迅博物館出版的《魯迅研究動態》上讀到了署名唐亮仁的《他在「學術爭論」的背後幹些什麼？──記沈鵬年造謠撞騙的幾個事實》，經過對比，發現內容和文句有很多地方完全一致。」

關於陳福康「得到」的這個「寶貝」——事屬黨的紀律和黨的規定。我們將根據《黨員權利保障條例》，按黨的組織原則辦理，此處不贅。

　　我們要辯正的，是「署名唐亮仁」那篇公開發表誣陷沈鵬年的文章。

　　1989年1月，我們得到沈鵬年所屬黨組織負責人葛鑫同志給我們的一份列印文件，題為《沈鵬年同志〈對照檢查〉及其冤案》。葛鑫同志說：「從老天馬廠、上影廠一直到上影總公司，我和沈鵬年同志長期在同一個支部過組織生活，對沈比較瞭解。粉碎『四人幫』以後，局黨委要我參加對沈審查的『專案工作』；接著在我負責的創作支部整黨學習小組，沈參加了『整黨』的全過程，由我主持的支部大會上作了《整黨對照檢查》，……由於我曾參加過審查沈的『專案組』，看到有關沈的全部材料，……我把（對他的）《結論》與依據的材料作了核對，覺得《複查結論》與事實有很大出入，隨即向局黨委、紀委等負責同志作了反映。沒有結果……」

　　葛鑫同志還說：「為了維護黨的原則，我根據黨章規定為沈提出辯護和要求，這就是：1987年3月《還一個共產黨員的政治生命——為沈的歷史懸案辯護》；1987年8月《請實事求是遵守黨章精神——再為沈辯護與要求》。……我為沈辯護作證，未能改善沈的命運，這就出現『唐亮仁』在《魯迅研究動態》發表誣陷沈鵬年同志的『大批判』文章。」

葛鑫同志說：「作為原上影黨組織的負責人之一、中共上影總公司導演室支部書記，我要鄭重而嚴正地聲明：唐亮仁造謠污衊沈鵬年同志的『大批判』，全部都是誣陷不實之詞。」——何謂「誣陷不實」？因為：

「唐亮仁文中提出的三件事，都是沈在上影導演室黨支部同意和支援下進行的正常工作。

第一、沈把毛主席與趙丹、周總理與葉以群談話記錄的檔案材料，冒著風險保存20多年，本人從未擴散，經過黨支部審閱後由支部轉呈廠黨委，這有什麼不對呢？

第二、沈向王定南等訪問記錄，當時經支部審閱查核，有王本人的簽字認可，加蓋組織公章，每頁有騎縫印。王定南本人要「賴賬」，是他自己的事。但記錄存檔，黑字紅印，文證俱在，是不能隨意抹煞的。

第三、沈向國家安全部離休老幹部袁殊同志訪問時，有訪問記錄，當場還錄了音。支部當時在記錄上簽字後蓋公章，每頁上加蓋了騎縫印，錄音我全部聽過。這是很嚴肅的學術調查和搶救史料，也是不能隨意抹煞的。

唐亮仁到北京活動時，袁殊同志重病送入醫院，口不能言、手不能寫。唐亮仁發表誣陷沈的《造謠之文》時，袁殊同志遺體早化成骨灰，安放在八寶山了。」——由此可知，唐亮仁文章的真實程度，令人懷疑！

葛鑫同志雖然離開我們四年了，但他堅持黨的優良傳統和作風，永遠是值得我們學習的楷模。他為沈證明的文章，將永留人世……。

黨的《決定》指出「尊重和保障人權」；還指出「為在全社會實現公正和正義提供法制保障。」——「準備承擔一切責任」的陳福康先生，等著瞧吧！

2004年11月2日

（劉金等二篇從略）

第二篇：宋濤、許愛興文章之二

考查「周作人問題」的事實真相
——再對陳福康抨擊沈鵬年同志的辯正

四十年前的《魯迅傳訪談記錄》，同「周作人問題」風馬牛不相及。《陳文》把來路不明的東西吹噓為「文件」，當作是「寶貝」。用魯迅的話，就是「拉大旗作為虎皮，包著自己，去嚇唬別人！」然後用大量篇幅侈談什麼「所謂王定南、許寶騤、袁殊同志談周作人問題的談話記錄，」「嚴重失實，關鍵之句都是沈有意編造的。」——這完全是不實之詞。

事實真相究竟是怎樣的呢？

中共上海電影總公司導演室支部書記葛鑫同志在1995年美國紐約出版、國際上著名的《中外論壇》第4期，發表《考查周作人「落水」之謎的風波》，對事實真相作了全面的敘述。

一

葛鑫同志早年愛讀魯迅、周作人著作，是話劇大師曹禺引導下開始藝術生涯、從事救亡演劇活動的。抗日戰爭爆發後參加新

四軍,歷任師文工隊戲劇主任、軍區政治部文工隊隊長、第三野戰軍20軍文工團副團長。1949年跟隨陳毅司令員解放上海後,奉命參加「上影」建廠工作。在著名經典性影片《渡江偵察記》、《霓虹燈下的哨兵》擔任副導演和導演,獲得「優秀影片獎」。「文革」前是上海天馬電影製片廠常務副廠長。「文革」中深受迫害。「文革」結束後天馬和海燕兩廠合併為局級的上海電影總公司,任上影總公司導演室(屬廠級)支部書記。一貫堅持黨的原則和實事求是思想作風。

葛鑫作為上影導演室負責人,其職責之一是選擇和推薦劇目題材;他又是沈鵬年的直屬上級,有權選派沈鵬年從事與電影劇目有關的學術調研。

上個世紀60年代,天馬廠籌備創作《魯迅傳》,沈鵬年從事有關《魯迅傳》的調查,整理編輯了《魯迅傳訪談記錄》;在80年代,北京攝製放映了《周作人在日本》的電視連續劇,葛鑫醞釀構思電影文學劇本《背負十字架的周作人》,派沈鵬年從事「周作人問題」的調查,這完全是電影廠業務需要的正常工作。

二

從1985年到1987年,沈鵬年參加「整黨」和接受「複查」的空際,接到組織交給他「調查周作人」的任務,其心情是可以想見。當時,我們曾和鵬年開玩笑地說:「這是帶了鐐銬走鋼絲,你要千萬小心。」他除了勤勤懇懇、埋頭工作,怎麼可能在所謂「談話記錄的關鍵問題上有意編造」呢?——顯然這是欲加之罪的不實之詞。

中共上海電影總公司導演室支部對沈的工作作了鑒定。

葛鑫寫道：「沈鵬年及時考查『周作人落水之謎』，搶救活史料以利於研究中國現代文化史上這一懸案。得到上影導演室黨、政領導一致同意和支持。他便持上影的證明和介紹信，先後三次赴太原、四上北京，兩訪天津，五往南京，西至鄭州和西安等地，歷時近三年尋訪到與周作人這件事有關者四十多位，都是八十歲左右的老人，獲得許多第一手資料。他向室領導作了彙報。其中有：周作人為何滯留北平、怎樣出席『更生中國文化座談會』、怎樣參加『教科書編審會』、怎樣出任偽北京大學文學系主任、怎樣接受偽華北教育督辦一職、為何寫《藥堂語錄》、怎樣出版《藥味集》、為何答應中共地下黨到解放區教書而未去成、他營救了哪些共產黨員、營救了哪些國民黨的教育界名人、以及他和前國民政府北平市長何其鞏的關係、他和教育部北平地下專員沈兼士等的關係…等等，對於揭開『周作人落水之謎』有了重大突破。特別是瞭解到周作人和中共地下組織的聯繫有好幾條線，其中最主要的一條線是中共北平特委，又稱『華北上層聯絡部』。

1986年6月14日，上影導演室黨支部把沈鵬年的工作報告中共上海市電影局黨委。這些材料暫時『留中不發』。」（見《中外論壇》1995年第4期第32頁）

三

「留中不發」的「周作人問題」調查材料，為什麼又發表呢？

葛鑫對這個問題有明確的書面說明：

「原上海市委書記兼副市長許建國『文革』中含冤而死，平反昭雪後中央有關部門為編寫許建國的傳記來滬收集材料。因為許建國在抗戰時期曾任中共中央社會部副部長（部長是康生），1939年至1943年兼任中央北方局社會部長，是領導北平特委的直屬上級。他對周作人這件事是知道並首肯的。但曾任北平特委的負責人卻諱言不談。中央有關部門派人在1986年5月15日，持編號3823號公函，來上影向沈鵬年瞭解這位原北平特委負責人的情況，由我（葛鑫）陪同和沈鵬年長談了二次。

當時，我（葛鑫）在這份公函上作了批註以『立此存照』：

『我接待時獲悉，因為有人（即原北平特委負責人）未向黨講真話，所以來上海向沈鵬年作側面瞭解。主要瞭解抗戰時北平地下工作和周作人這件事。（他們）說此事早在1982年2月由賈芝（李大釗之婿）寫文章公開披露了。還說許建國也知此事。……他們最後表示：這是學術性的調查研究，其中部份材料，可以在『內部刊物』上發表，使當事人和知情人看到後進行補充和訂正，就能把史實搞得更準確、更翔實。』……」（見該刊第4期第32-33頁）

為此導演室支部決定，由葛鑫親自去南京通過江蘇省委宣傳部，介紹至南京師範大學。商定由內部刊物《文教資料》以《關於周作人的一些史料》，先行發表了周建人、賈芝、高炎、羅錚、王定南、許寶騤、范紀曼、袁殊、梁容若、張莨芳以及周作

人本人等十一人的12篇材料。——「這些材料過去聞所未聞，披露後自然在文化新聞界引起轟動。」

因此，當有人以「魯迅研究室」的名義，約了一些持不同意見的專家，一再抨擊所謂「沈鵬年『偽造史料』，甚至揚言要對沈『訴諸法律』……」時，葛鑫一再公開發表文章說：「在這種情況下，我作為沈鵬年工作單位的黨支部書記，過問此事是責無旁貸的。」還說「沈鵬年被蒙上所謂『偽造周作人史料』的惡名，作為沈所屬黨支部的支部書記，我要鄭重聲明，這不是事實。」葛鑫針對「唐亮仁在《魯迅研究動態》發表誣陷沈鵬年同志的『大批判』文章」，第三次發表書面聲明：「作為原上影黨組織的負責人之一、中共上影總公司導演室支部書記，我要鄭重而嚴正地聲明：唐亮仁造謠污蔑沈鵬年同志的『大批判』，全部都是誣陷不實之詞。」——這就是沈鵬年所屬的黨組織對沈的明確肯定。

四

《陳文》所謂「王定南公開闢謠」、「許寶騤否認」和「袁殊說」的不實之詞。——我們不得不公佈一些歷史材料，澄清事實，以正視聽。

首先，王定南派高炎同志「做周作人工作」

王定南1910年出生於河南。1929年進北京大學，次年入黨。1930年9月到上海參加「中華蘇維埃第一次代表準備會」（簡稱「蘇準會」）。有一次，王看到沈鵬年寫的有關「蘇準會」的文章，很感興趣，主動與沈聯繫。當時王是山西省文史研究館副館

長，尚未當上「政協委員」。

　　1938年至1942年，王出任「北平特委書記」。

　　原北平特委的成員高炎同志說：當年是王定南代表組織委派他專門做周作人工作。周作人出任偽職「華北教育督辦」的前幾天，王定南親自佈置高炎做周的工作。周作人對高炎說：我當督辦，你來當我的「督辦秘書」……。高炎向王定南彙報後，王說「等三天給回音」。經組織同意，高炎便當了周作人的「督辦秘書」。於是，周作人和高炎一同進入「華北教育督辦公署」。高炎在《我與周作人的關係及其工作》、《再談周作人的幾件史實》，（兩文均刊載《文教資料》1986年第4期第71——75頁。）基本上把事情挑明瞭。

　　其次，王定南主動邀請沈鵬年去太原

　　王定南早在1983年就主動和沈鵬年取得聯繫。他看到沈寫的關於三十年代「蘇準會」的文章，要求沈給他進一步提供有關資料和照片，為王寫回憶錄之用。這樣，他們就結識了。1983年5月10日，王定南親筆題款、贈給他照片留念。兩人的關係，頗為親密。因此，王原來有所顧忌而不肯向組織談的情況，有時卻能同沈鵬年隨意暢談……。

　　1986年7月4日，王定南主動邀請沈鵬年去太原，提出：希望上影同志為王寫「有關邯鄲起義的劇本。」原信如下：

　　　「鵬年同志：

　　　　來信收到了，回信遲了，謹致歉意。寄來『蘇準會』照片，也收到了，謝謝。……

有關邯鄲起義的劇本已經不少人在寫，我看到的都不太理想，如果上影同志能從事這項寫作，我想會寫出滿意的作品，請你和雄飛同志研究。（按：雄飛當時是上影總公司電視部文學組長）

　　北平特委工作，也可以寫。今年《縱橫》雜誌發表一篇《名垂竹帛》文章，是河北省軍區根據和我談話寫的文章，基本上符合客觀實事。請閱。

　　我在開會中見到許寶騤。你們如寫他的材料，我可以幫助。

　　上海很熱，這裏天氣涼爽，歡迎你們來。致以
敬禮！
　　唐宏強同志（王定南的夫人）問你好。

王定南

1986.7.4.」

　　再次，王定南口述、沈鵬年記錄先後有三次談話

第一份記錄：1986年3月16日「談周作人」。

　　王定南親筆寫了：

　　「要周作人出任偽職這件事，我向許建國同志談過。

　　何其鞏、張東蓀對周作人所說（我們三方面）『向人民說明真相』的問題，由於我1947年因『民建軍冤案』發生被審查，直至1953年始恢復工作，故無法及時說明真相。」

　　王定南還親筆寫了請沈向周作人之子周豐一同志轉言的一段話：

　　「鵬年同志：你如若遇見（周作人之子）周豐一同志，請代為問好，並告訴他『你父親的這件事，我都瞭解的。……』」

第二份記錄：1986年3月19日談關於北平特委

談了①關於何、白事件；②寫《鐵蹄下的冀東》；③反擊近衛對華聲明；④爭取司徒雷登支持抗日；⑤使王克敏「為我所用」；⑥同頑固派繆斌的鬥爭；⑦其他一些情況。（共20頁）

記錄經王定南審閱同意，親筆簽署了如下意見：

「鵬年同志寫的記錄，我提些修改意見，他接受後予以修改，基本上符合談話實事。

鵬年同志積極工作，艱苦生活，值得讚美，希望以後再來晤談。

王定南　1968.3.19.」

第三份記錄：1986年10月談關於周作人出任偽職的問題

1986年10月6日至14日，沈應邀第三次去山西，由王定南安排在他住宅旁的「幹部休養所」。記錄開頭，王定南說：

「我沒有見過周作人。關於他出任偽職的事，今年三月我和沈鵬年同志談過。談話記錄我看過，符合談話事實。這次他為準備明年『七七』五十周年的寫作，向我瞭解北平的抗日鬥爭情況，又談到周作人的事，要我更進一步回憶。他提供《周作人在抗戰八年中》等史料，幫助我回憶。有些我不瞭解、不清楚；但使我也想起一些事實和情節，再談幾點作為補充。」

這份記錄共10頁，由王定南審閱後簽字。

三份記錄，都經支部書記葛鑫審閱簽名蓋章，還加蓋了「上海電影總公司導演室」的公章，所有記錄還蓋了騎縫印。

——《陳文》所謂「編造」、「偽造」云云，純屬誣陷不實之詞。

五

「陳文」稱「袁殊說『沈鵬年是文壇騙子』，他在沈發表的記錄上，把不是他講的話都劃了出來。……」

首先，葛鑫對袁殊其人早已有所瞭解

葛鑫在駁斥唐亮仁的文章中寫道：

「袁殊同志是一位國際聞名的名人，也是我黨在秘密戰線上的一位傳奇人物。大約在1947年的春天，我是第三野戰軍20軍文工團副團長，在山東解放區曾有幸見過他一面。當時他化名曾達齋，我當時虛齡30歲，袁殊比我年長5、6歲，身體微胖，喜歡線裝古書，在李一氓同志領導下工作。抗戰期間，他奉命打入敵偽上層，在潘漢年同志領導下為黨作出許多特殊的貢獻。

新中國成立後，他在李克農同志領導下從事國際情報工作。『潘漢年、揚帆事件』發生，受到牽連，繫冤獄20多年。他的母親思子病逝，他的妻子（三十年代很有名的馬景星女士）被迫離婚，據說在『文革』中自殺身死，真是妻離子散，家破人亡。1978年釋放，拖著尾巴，只能留在農場。十一屆三中全會三年後的1982年9月，徹底平反，從坐牢到自由，整整過去27年。可以為黨工作的黃金時代已經一去不復返了。恢復黨的組織生活，重新評級，按國家規定離休，分配在北京西苑國家安全部新建的宿舍新房一套，頤養天年。

1984年冬至1985年，沈鵬年同志攜帶上影廠黨委的介紹信，到北京國家安全部辦公廳，經組織上安排，先後六次訪問袁殊同志。他中風後，言語不清，在安全部辦公廳的同意後，當場作了

訪談錄音。我代表支部審聽了全部錄音。錄音聽起來也很吃力，不太清楚，這是中風後遺症使他談話很困難的緣故。

1986年以後，他的病情日漸加重。正像他的小兒子曾虎同志在一篇文章中所寫：『20多年的隔世生活』，『時空的錯覺又給他本已坎坷的人生平添了新的折磨』，這時他75歲，『往往表現出怪誕的言語和頻頻暴烈的發作』，『他要呼喊，要掙扎』，『有時像個不顧一切的瘋子』……。家中又乏人照顧，便在醫院中治療和療養。一年後的1987年，他的遺體從醫院病房推到太平間，病魔纏身的軀體得到了解脫，享年76歲。

令人吃驚的是，局黨委某人『雇用』的『紹興師爺』唐亮仁其人，居然假借袁殊同志的『亡靈』念念有詞，說什麼『沈鵬年是文壇騙子』。他在沈發表的《記錄》上，把不是他講的話都劃了出來。……統統都是沈鵬年捏造出來的。』（見1987年12月《魯迅研究動態》第75頁）

化成骨灰的袁殊怎麼可能還會『說話』?!怎麼還能用筆在《記錄》上『都劃了出來』?!」

其次，葛鑫親自核對了袁殊講話的錄音

葛鑫寫道：「沈鵬年同志訪問袁殊同志後，根據錄音整理的那篇《袁殊同志談周作人》，我曾據袁殊同志講話錄音作了核對。在袁殊同志講話錄音的記錄上，我代表沈『所在黨支部』審閱後都簽字蓋我的名章，然後再經導演室審核後加蓋『上海電影總公司導演室』的公章，並在《記錄》邊上加蓋騎縫章，這些《記錄》是經得起法律的檢驗的。」

再次，袁殊看過沈整理的三篇文章，回信稱「是當年的事實」。

沈鵬年據袁殊談話整理、寫成三篇文章：

第一篇《關於張愛玲的「白璧之玷」》

第二篇《共產黨慧眼識真才——記袁殊同志談張愛玲的成名經過》

第三篇《袁殊同志談周作人》

三篇文章寄給袁殊同志，1986年5月25日回信如下：

『鵬年同志：

你的文章及剪報等三篇，已經讀悉。大體都是當年的事實，留待後人傳話而已。

來示所提，將《雜誌》上的文章繪（彙字之誤）集成冊，未必不可，至於稿費，在我是不成問題的。

此致

敬禮　袁殊　袁殊印　（口述）1986.5.25』」

——以上事實證明：《陳文》所云，也是不實之詞。

六

《陳文》所謂「許寶騤否認」的問題，也與事實有很大出入。

首先，葛鑫對許寶騤比較暸解

葛鑫寫道：「許寶騤先生是中國共產黨的親密朋友、傑出的愛國民主人士。中國民主同盟盟員、中國「民革」中央委員兼宣傳部副部長，全國政協常委兼中央文史資料委員會副主任（主任為楊成武）。在解放前後，他的政治地位都高於王定南。

1931年「9.18」日本軍國主義侵略我國東北，他以『燕京大學學生會主席』組織反對日本侵略的大遊行。抗日戰爭期間，在

中共教育和領導下，在北平從事地下工作。1938年冬和1941年夏，兩次秘密去重慶向中共領導人周恩來同志彙報工作，長談五次，得到周恩來同志的有關北平地下工作的具體指示。多次面聆董必武、鄧穎超等領導的親切教誨。後來黨指定他與廖承志同志單線聯繫。他在重慶和王昆侖、王炳南等地下黨員一同發起『民主革命同盟』，當選中央委員。又奉命潛回北平淪陷區從事地下工作。1945年抗戰勝利前夕，他與中共地下黨員殷之越同志一同策劃迎接八路軍接管北平的具體事宜，後黨中央改變原來決定而終止。1948年在策動傅作義將軍起義、爭取北平和平解放的過程中，積極完成黨交給的任務。新中國成立初期，在北京大學任教授，後來組織上調他任政協文史資料委員會副主任，工作曾受到周恩來總理的讚賞。他與沈鵬年同志初識于60年代，粉碎『四人幫』後交往更加密切。」

其次，許寶騤主動向沈多次談周作人

葛鑫寫道：「許寶騤和沈鵬年的關係，據許給鄧雲鄉先生的信中寫道：『沈鵬年同志係弟多年知交。』因此從1982年至1986年的五年間，兩人往來頻繁。談話中涉及周作人之事有五次。三次是許到沈家訪沈。在沈家用餐時，主動與沈談了周作人，還說在解放初期曾向周恩來總理提過這件事，『問題是中間一環脫了節』，所以許一直耿耿於懷，一再說『對周作人感到內疚……。』有一次是在上海江蘇路480弄許的親戚家；還有一次在北京《團結報》社的會客室，兩次都談到了周作人這件事。」

再次，沈寫的《紀要》與許本人文章完全一致

至於沈發表的《訪許寶騤同志紀要》，僅短短800字，其中

提到周作人的不足400字。沈在《紀要》中聲明：「許寶騤同志準備自己撰文談這個問題，這裏只講了一個梗概。」

我們把許寶騤自己寫的文章同沈的《紀要》對照，所記六點關於周作人的提法，與許文完全一致。

許寶騤後來又到沈家，向沈表示歉意，說自己80多歲了，當「上影」和「魯博」某些人用「文革」中「外調」作法，有的用錄音話筒對著許的嘴，逼他表態，使老人非常緊張，但他堅持說是他「主動上沈家同沈談了周作人這件事」，被迫說了違心的話，一再請沈原諒。

12月14日　沈鵬年同志所屬黨組織的三位負責同志來慰問，看到《中華讀書報》「陳文」誣稱沈被「清除出黨」的說法，表示驚訝，向沈的家屬（沈的老伴和其子女）再三聲明：「沒有這件事。沈被上級黨組織評為『離休幹部先進個人』，是離休總支和局、廠黨委審議上報，由中共文廣集團黨委作出表彰決定和頒發獎狀的。」

2004年12月17日

第三篇：宋濤、許愛興文章之三

請看「不容於世」的由來和發展
——三駁陳福康對沈鵬年同志的抨擊

上個世紀60年代初，即距今45年以前，毛主席與「魯迅」扮演者趙丹關於如何拍攝好電影《魯迅傳》的談話記要；周總理與電影《魯迅傳》創作組長葉以群關於影片中如何處理若干疑難問

題的談話記要，本來是上海天馬電影製片廠的「電影《魯迅傳》藝術檔案材料」。原上海天馬電影製片廠副廠長、廠黨委委員葛鑫同志，早在1989年1月有書面報告並上報電影局黨委和上海市委。

葛鑫同志代表組織證明：負責並主管「全廠藝術檔案」的原天馬電影製片廠資料組組長沈鵬年同志，在「文革」期間抵制了「造反派」搶檔案的逆流，「冒著風險保存檔案材料，本人從未擴散。這些檔案材料經過上影導演室黨支部審閱後由支部轉呈廠黨委。」2004年12月1日《中華讀書報》發表拙文《究竟是誰在散佈「文壇謠言」──對陳福康抨擊沈鵬年同志的辯正》，已轉引葛鑫文章交代清楚。所謂；「偽造」，純屬欲加之罪的不實之詞。「陳文」所謂「王定南、許寶騤、袁殊談話記錄嚴重失實」問題，我們亦在《考查「周作人問題」的事實真相》中據實辯明。已寄《中華讀書報》，請予公諸於眾，由廣大讀者檢驗判斷……。

陳福康《造謠飾詐》（簡稱「陳文」）又在2004年12月29日《中華讀書報》發表。其失範失態、自相矛盾、語無倫次的浮躁心態溢於言表。我們至少是他的「父執之輩」，參加革命的歲月超過他的年齡。給我們戴上的「上海灘小流氓」口頭語「屌頭」帽子，頭寸不對，原璧奉還。

「陳文」對被中共上海文廣集團黨委評為「離休幹部先進個人」的沈鵬年同志，任意「宣判」、步步升級：從所謂「缺德的造孽的墮落者」上綱為「政治騙子」。擅自「判」沈「不容於世」。顯示他的腦袋仍停留在「30年前」的年代，可以信口開河。──其實這「不容於世」並非「陳文」首創，大有來歷，容後再說。先來看看他定沈「不容於世」的依據是什麼？

一、所謂沈鵬年同志的「文品」和「人品」

沈鵬年同志1946年參加革命，先後在黨的週邊組織「東聯社」和「工協」，以及黨的直接領導下從事工人運動。解放以後，在黨委機關工作十年，業餘堅持研究魯迅。

1957年編著了建國後第一部魯迅研究工具書《魯迅研究資料編目》，中國科學院郭沫若院長親自題了封面由上海文藝出版社出版。

1959年編輯印行《革命先驅者論文化藝術》，為葉以群編寫《艱難時代──魯迅的故事》搞資料工作。

1960年由上海市委宣傳部調至電影《魯迅傳》創作組，任資料組長。先後去紹興、杭州、北京、西安、廈門、廣州和上海等地，向參加過同盟會、光復會、新民學會、文化書社、《新青年》、文學研究會、創造社、語絲社、太陽社、現代社、文學社、新月社、現代評論社和「左聯」等有關成員400多人作了調查訪問，積累原始口述記錄近百萬字。為天馬電影製片廠整理編制了一整套影片和劇目的「藝術檔案」，得到中央文化部和市委宣傳部的肯定；中央文化部副部長夏衍在《電影論文集》中公開讚揚：「《魯迅傳》的創作，資料工作搞得很好，改編時就有了依據。」（見該書1963年初版、1985年重版第261頁）

1960－1962年的三年間，沈鵬年為電影《魯迅傳》攝製組整理編印了《魯迅傳訪談記錄集》8冊；編著印行了《魯迅及有關史實年表》，編輯印行了《毛澤東、周恩來、陳毅等論魯迅》供上影創作攝製人員參考。

1962年因導演住醫院療養而攝製組解散後，沈鵬年擔任天

馬電影製片廠資料組組長兼導演室秘書，負責主管上影的「藝術檔案」，並為中央及市委有關領導審查影片作現場記錄及整理歸檔。業餘繼續堅持魯迅研究，在《人民日報》、《光明日報》、《解放日報》、《文匯報》、《學術月刊》、《上海文學》、《新華日報》發表了《魯迅在辛亥革命前後的史實》、《魯迅在「五四」以前同文壇逆流的鬥爭》、《魯迅與〈新青年〉同人關係探索》、《魯迅在廣州時期的若干史實》、《魯迅與創造社關係的兩點史實》、《魯迅與陳獨秀》、《魯迅與陳延年》、《魯迅與郁達夫》、《關於「魯迅五十壽辰慶祝會」》等數十篇調研報告，發表了《學習馬克思主義認識論、正確繼承魯迅的革命實踐精神》等多篇學術論文。

在「文革」期間，他熱愛黨、堅持共產主義的信念，秘密聯合了原市委黨校沈恒春、原長寧區委許愛文、原華東師大宋濤等同志一起，對張春橋、王洪文等親至上影廠「授意」炮製出籠的第一部「陰謀電影」《東方烈火》展開了合法鬥爭，集體討論、由沈出面，起草及向當時的黨中央（周恩來總理和主管文藝的江青）報告，在當時的黨中央干預下，革命群眾開展了對《東方烈火》的批判，張春橋、王洪文要上影炮製第一部陰謀電影未能得逞。——從此以後，沈鵬年成為「清隊」、「一打三反」、「深挖516」等所有運動的重點打擊對象。

粉碎「四人幫」、「文革」結束，上影廠藉口沈揭發張春橋、王洪文授意炮製「陰謀電影」《東方烈火》（周總理批轉江青，而江青批示了「沈鵬年批評《東方烈火》的觀點是正確的」）便以沈向「四人幫」告黑狀為名作「清查」對象，從1976

年至1986年又連續清查了十年。

在「文革」結束，沈被長期挨整的20多年中，沈鵬年始終以共產黨員的標準，立黨為公，奉獻社會，以實際行動貫徹「三個代表」的精神，連續三次獲得上海市一級的獎勵和表彰。例如：

上海市總工會在上海職工中評出沈為「上海市職工精神文明十佳好事提名獎」的10名之一；

上海市精神文明建設委員會在上海市民中評出授予沈為「上海市社會主義精神文明十佳好事稱號」的全上海市10名之一；

沈所屬單位的上級黨組織——中共上海文化廣播影視集團委員會評沈為「上海文化廣播影視集團集體幹部先進個人」給予表彰、獎勵、發給《榮譽證書》、在2004年1月19日的《文廣影視報》上公佈了對沈的表彰決定、發表了沈的照片和先進事蹟。

在此期間，上海市委機關報《解放日報》和市委機關刊《支部生活》也一再發表了沈的先進事蹟和照片。

上海電視臺的「新聞透視」，以《陽光之舉，照耀童心》為題，對沈的先進事蹟作了追蹤報導和專題介紹，稱這位經常給絕症患兒送溫暖、獻愛心的年將八旬的革命老幹部比喻為「陽光老人」……。

1994年11月20日上海《新民晚報》發表著名記者強熒的報導《生死之間》，稱沈「建起了無菌『層流室』，讓失去免疫力的白血病孩得到有效治療和保護，如若蒼天有眼，也會為他們的愛心所感動。」

這就是共產黨員沈鵬年同志六十年來用實踐所顯現的文品和人品。「陳文」用種種不實之詞玷污沈的形象，是徒勞的。

二、所謂「許廣平生前對這個人也非常反感」?!

「陳文」慣用「名人」墊背，這次開頭「拉」出周海嬰所謂「許廣平生前對這個人也非常反感！」——請看事實：

事實之一，周海嬰著《魯迅與我七十年》第303頁，發表許廣平生前的重要文章，提到了沈鵬年。許說「《魯迅傳》電影，數年前曾在京見到陳鯉庭、柯靈、沈鵬年，他們說要拍攝。……後即渺無音訊。」這「渺無音訊」由於導演進醫院休養所致，與沈鵬年無關。許文也並無對沈「非常反感」。

事實之二，我們看到許廣平先生1963年6月29日致沈鵬年的信，信封有「北京9（支）」郵戳。內稱「沈鵬年同志：寄來《學術月刊》1963年第6期已收到，大作《魯迅在『五四』以前對文壇逆流的鬥爭》一文，拜讀之後，覺得很好。你作這一工作，另闢蹊徑，發前人之未發，無論對讀者和專門研究者都有很大幫助。以前《文匯報》發表的諸篇，也覺得比較扎實。希望你繼續努力，寫出更多的這類文章以饗讀者。此致　敬禮！

　　　　　　　　　　　　許廣平　　六月廿九。」

由此可知，許廣平先生生前談沈的一文、給沈的一信並無「反感」。足證「陳文」所說是不實之詞。

三、所謂「馮雪峰說沈的《年表》是另有用意捏造的」?!

「陳文」引用馮雪峰對沈的「評價」，主要針對沈鵬年1960年編的《年表》。這本《年表》的全名是：《魯迅及有關史實年表》（初稿），署名是「《魯迅傳》攝製組資料室沈鵬年編」，印行單位是「上海市電影局天馬電影製片廠」——局、廠兩級都屬「官

方」，並非私人自印。封面注明「內部參考」。首頁《說明》四條。其中：

第一條：「本年表係為攝製《魯迅傳》電影需要而編輯的一個參考資料，起於1881年魯迅誕生，迄於1936年魯迅逝世，……僅供內部參考，請勿外傳。」

第二條：「由於本書涉及的範圍較廣、資料根據又來自各方，而編者水平又低、見聞有限，在材料的運用上既缺乏有機分析，選擇取捨之間更難免有錯誤遺漏、輕重不當、前後重複之處。現在只作為一個《魯迅年表》的初步草稿拿出來，請求大家的批評和指正。」——由此可知，馮雪峰說「沈某的《年表》等，（按：『等』者包括《訪談記錄》）我至今未看到過，只過去聽人（按：係唐弢）說過大部分是『捕風捉影和另有用意而捏造』的，現在看到你（按：包子衍）引用的幾條，好像確實是那樣的東西。……此人就專會捏造，但也隨處都立即暴露了自己的捏造。」——完全是誤聽偏信，自己沒有認真審閱《年表》原書而隨口說的「氣話」，是當不得「真」的。

我們所以說馮雪峰的話當不得真，因為所舉三例，全是不實之詞。

第一例：馮雪峰說：「反戰會……80餘人遭捕，解送南京都被屠殺云云，這樣大的案件，也居然敢於捏造。那《年表》我不想看，不必寄。」

這段原文見沈編《魯迅及有關史實年表》（初稿）第112頁：

「反戰大會的籌備會，在上海被破壞，參加者80餘人遭捕，解送南京，都被屠殺。」——沈是根據延安出版黨中央機關報

《解放日報》發表《從「918」到「77」的長篇史錄》轉錄的。該文解放後由國家出版社以《從「918」至「77」》為書名大量出版發行，沈的這段話見該書第20頁。曾任國家出版社的社長馮雪峰卻誣指是沈的所謂「捏造」，孰是孰非只有請廣大讀者公斷了。

第二例：馮雪峰說：「……這種情況，外人當然不知道的，但既不知道，為什麼又隨便捏造呢？」——「這種」什麼「情況」？

這是指沈的《年表》第113頁這樣一段話：「1933年7月5日，瞿秋白邀魯迅至其寓夜飯，同席六人。」——這是沈根據唐雲旌主編、上海出版的《亦報》，1952年10月9日發表的長篇連載：豪雨著《「魯迅日記」談屑・魯迅和瞿秋白的親密交往》中一段話：

「1933年7月5日，晚何君來，邀至其寓夜飯，同席六人。那次（瞿魯）大約有意氣更相投的接談吧。」（豪雨認為何君即「何凝」，係瞿秋白筆名之一。）——這段記載沈早在1963年寫過專文，糾正「豪雨」將伊誤作何。應是「伊君寓」，而不是「何君寓」。《年表》引用了不實的記載，並不是「隨便捏造」。何況他自己早在1963年已著文糾正了。

第三例：馮雪峰否認1960年與沈談話，說「這是連一點『風』、一點『影』也沒有的事，虧他虛構得真有其事一樣。」

事實上，早在1946年沈就與馮雪峰相識，馮雪峰不但在沈的「魯迅逝世十年祭紀念冊」上親筆簽名；還曾將他的《鄉風和市風》、《過來的年代——魯迅論及其他》等書簽名贈送給沈。馮雪峰說：「從1957年之後到1971年底之間未曾有任何人來訪問過我。」——但他遺忘了一件重要的事：

沈編著《魯迅研究資料編目》在1958年出版以後，葉以群為創作《艱難時代——魯迅在上海》電影文學劇本，曾帶了沈鵬年去聽取意見，又和馮見了面。沈曾將自己的《編目》中《魯迅在黨的領導下所進行的政治鬥爭史料》其中一段話請馮核實。這段話原文是：

　　「1930年夏，魯迅先生與黨的關係非常密切，當時黨的領導上派李立三同志和魯迅先生見面、談話，他們兩人討論了關於魯迅自己的戰鬥任務和方法等問題。在同年《魯迅日記》5月7日有『晚同雪峰往爵祿飯店，回至北冰洋吃冰其林』的線索。」（見《魯迅研究資料編目》第486頁）馮雪峰看了很高興，點頭稱是，肯定沈寫的是事實。（後經李立三同志審閱，說沈寫的這段話不是事實，李說當天他沒有去過爵祿飯店。此是後話了。）1960年馮雪峰與夏衍相約在文化部見面，其時夏衍奉周總理之命修改《魯迅傳》，要沈當助手。夏衍要沈隨去向馮請教幾個問題。——馮雪峰在坎坷中只記得夏衍而忘記了沈，可以理解。——但決不是沈的「虛構」。

四、所謂唐弢說「其人品質惡劣，我不再理睬他」

　　「陳文」引用了唐弢1972年致西安單演義、1973年致北京葉淑穗、1973年致上海陳鳴樹、1974年致杭州張頌南、1975年致陳漱渝的五封信，證明所謂沈的「人品惡劣」。——事實真相如下：

　　在五封信中主要是這樣三件事。

　　第一件、所謂「其人品質惡劣，我不再理睬他。」

　　據我們所知，唐弢與沈相識很早。抗戰初期孤島上海，唐弢

在樹民等三個學校兼課。沈在樹民讀書，與唐初識。唐曾簽名贈沈《文章修養》。從此以後，交往不斷，直至1982年在四川郭沫若故居前合影題詞留念；1983年唐寫信向沈借書……。所謂「我（唐弢）不再理睬他」，並非事實。

唐弢為何對沈反感？有封唐給沈的信，透露了其中隱情：

1947年12月7日，唐弢寫信給沈，稱「手示敬悉，承教兩點，甚感。」沈當時年輕幼稚，就在「兩點」上卻冒犯了唐。

其中之一，是對唐的一篇《書話》提了意見。

唐弢在《文匯報》連載《書話》，發表《海涅〈還鄉〉》，把海涅《還鄉記》譯者范紀美（當時奉黨之命打入鄭介民的國防部二廳任要職）說成是汪精衛政府中央大學的漢奸，又把黨的地下秘密聯絡點「木簡書屋」曝了光。（使范險遭不測，幸得地下黨及時通知而脫險。）沈得張瓊老師暗示而婉言向唐提了意見。唐雖說「承教」「甚感」。卻仍在出版《書話》單行本中一再重複「罵」范。1956年在《書話・開場白》竟說：「我的《書話》碰痛了一個大特務。他在汪偽時期擔任過偽中央大學教授，在上海開過舊書鋪。利用書店做他鬼鬼祟祟的工作。『815』以後，……搖身一變，居然成為紅極一時的『要人』。我在《書話》裏揭破了他過去的歷史。……他手下有三百名全副武裝的『豪客』，隨時隨地可以槍斃我。……」1962年在《書話》單行本《序》中，把《書話》的「中斷」歸罪於范紀美同志。沈一再向唐提出，唐始終不理。1980年三聯出版《晦庵書話》，仍舊重複對范的不實之詞。為此沈在《文教資料》1986年第4期第88頁，發表《范紀美小傳》，把范的革命事蹟公諸於眾，糾正了唐

長期對范的錯誤論述和不實之詞。唐為此在各種會議、各種場合、和朋友學生間寫信多次抨擊沈「品質惡劣」。

其中之二，對唐的一段題詞提了意見。

1947年的《文匯日記》，唐弢親自題詞：「在政治上學習歐美，在經濟上學習蘇聯，這是今天中國民主運動的正確方向」。

沈在信中提出不同看法。大約在1956年，上海作協黨組織派樊康同志到長寧區委找沈鵬年，為唐弢爭取入黨徵求意見。沈實在太迂了，又把這段題詞提出來，希望唐弢深刻認識……。

由於沈的「少不更事」，認識簡單，當然使唐對沈不滿。表面和沈握手言歡，合影留念，通信借書，聯繫不斷。背後又到處抨擊沈「品質惡劣」。

在魯迅研究領域和新聞界終於形成「眾口鑠金」，使沈「口碑不佳」……。——其源蓋出於唐。

第二件、關於魯迅批評的「芸生」究竟是誰的問題。

《唐弢文集》中談「芸生公案」的，以及致葉淑穗信談「芸生」問題的不止一次。即1972年5月3日唐弢「肯定芸生是瞿秋白」，自稱比阿英更早就知道。風向有變，他就改口，1972年10月表示是否瞿秋白要「存疑」。當他瞭解有關「上級」要搞沈後，1973年1月18日就說「芸生不是瞿秋白」，「那也是他（沈）的捏造」。「陳文」不提前兩次而只提後一次，用他自己的話，豈非故意「飾詐」?!謂予不信，請看事實：

1972年5月3日唐弢致葉淑穗信：

「芸生其人問題，……我聽說『芸生』即瞿秋白，大約是在1934年前後，比（阿英）作此文要早幾年。……丁景唐他們說另

有其人，說法無力。」（見《唐弢文集》第10卷第163頁）

1972年6月3日唐弢致朱金順信：

「芸生一案，我也以為是瞿秋白。三十年代時，我就聽說過芸生是瞿秋白。……丁景唐他們說『另有其人』，沒有拿出證據來，不足信。……我的理由是：㈠《漢奸的供狀》的筆調是瞿秋白的，……㈡前一期發表了瞿譯《沒有功夫唾罵》，……這是在譯完後就已經動筆寫了，只能是一個人。……」（見《唐弢文集》第10卷第212－213頁）

1973年1月18日唐弢致葉淑穗信：

「沈鵬年寫給上海市委《關於魯迅批判的芸生就是瞿秋白的報告》看畢，茲特掛號寄還，……對於這個問題，我個人認為皆以『存疑』為是。至於沈在《報告》中所說，幾乎都是胡說八道，其中關鍵的一條，仍在阿英身上，……這個材料是沈和丁景唐一起來我處借去的。……現在是我們消滅那些『存疑』問題的時候了。」（見《唐弢文集》第10卷第164頁）

1974年8月15日唐弢致張頌南信：

「芸生是誰？……我當初相信是瞿秋白，現在卻偏向於不是。因為三十年代，文壇上有些傳說，阿英孤島時期在《文匯報》副刊作文，肯定是瞿秋白，……託人去問阿英，……不料此人態度很壞，……上海沈鵬年此人極惡劣，……其實他過去是大捧瞿秋白的人之一。」（見《唐弢文集》第10卷第384頁）

——翻手為雲，複手為雨，一會兒說「芸生是瞿秋白」，一會兒又說「不是」，說「阿英態度很壞」、又說「沈鵬年此人極惡劣」——其實都是唐弢的不實之詞。

第三件、阻撓陝西出版社重印《魯迅研究資料編目》。

1972年陝西人民出版社請單演義經手與沈簽訂《出版合同》，要重印沈的《魯迅研究資料編目》。唐弢在同年12月26日致單演義：「沈編《研究目錄》，其中錯誤實在太多，我不知怎樣修訂，目前『以訛傳訛，想當然耳』的東西太多，……」下面還有兩句極重要的話，不妨為其補上，就是「我（唐弢）看了實在非常不安，中央終有一天要出來干預的。」──究竟什麼「東西」使唐弢「非常不安」？就是《魯迅研究資料編目》第267──268頁收錄《魯迅先生軼事》一書，其中記載魯迅作《三月的租界》批評張春橋的史實。據當年「掌管上海文藝出版社一編室」的劉金先生說：「《魯迅研究資料編目》出版後，至今40餘年了，竟沒有重印過一次。這裏，涉及一位我也熟識的魯迅研究專家，說（該書）『有問題』，向時任市委文藝工作部部長的張春橋告了一狀。張春橋就利用職權，毫不聲張地將這本書『停印』了。」──「陳文」這次正好為劉金提供證據，原來這位向張春橋「告狀」的「魯迅研究專家」就是唐弢。事隔十五年，張春橋當了「中央」的領導之一，他就用「中央要干預」為由，使陝西出版社取消了這本書的重印。

從以上事實，唐弢的五封信、三件事，適足成了「沈的文品和人品究竟如何」的有力反證。

五、黃裳所謂「大事以外，借書不還，亦其一端」的真相

正如黃裳稱：「此公（沈）亦我舊識，……在友人間，其口碑頗不佳。」據我們所知黃沈相識建交於1947年。介紹人正是唐

弢，見於黃裳的文章。「友人間口碑不佳」出於兩人的介紹者唐弢之口。

黃裳說：「我有《金陵雜記》……即為渠持去。又魯迅……《域外小說》2冊……亦去他處。香港印之周作人回憶……亦借去不還。」「陳文」引此短短一段，錯了三字，太粗疏了。

正如柯靈先生所說，黃裳「真不愧文章高手」，在這裏只用了「持去」、「亦去」、「借去」的持、亦、借三字，「就輕輕勾銷了一段情節。」什麼「情節」，黃知、沈知、我們亦知。從香港《新夜報》、北京《讀書》、《翠墨集》、《過去的足跡》到《黃裳文集》，黃裳曾重複刊登記述他們交往的《題跋一束》，可見交非泛泛。黃裳在1981年寫道：「Z（即沈）先生愛搜拙作，不棄葑菲，都十二種」，「於劫中亦輾轉多方，深藏密銷，竟得獲全，真出意外。」我們曾煞費苦心地為鵬年轉移保存過大批材料，黃裳著作即其中之一，見《美歐心影・代跋》。但黃裳略去了他的重要著作《錦帆集外》即《鳳》的題跋，不妨補錄如下：「此書初版僅裝精裝本十冊，分贈友朋之餘僅存三兩冊。凝華先生于拙文有偏嗜，欲得一本以備版本之數。適余欲得抄本《我聞室賸稿》，即以此冊「交易」。昔蕘翁（黃蕘圃）亦嘗有以家刻本易宋版零種之事，此舉或不唐突也。時民國卅七年（1948）九月二日黃裳　印。」區區一冊自己多餘的複本《錦帆集外》，尚且要沈用古代手抄本「交易」才肯脫手。名貴如《域外小說》，豈可輕易「亦去他處」乎？

我們代沈保存著「亦去他處」前黃裳致沈的一封親筆信：「鵬年先生：來訪不遇，至歉。這兩天我比較忙一點，也許不常

在家裏。『東西』帶來可交給舍弟收，或約一時期會面。我大約十三日上船，所以急得很，一定在行前辦好一切手續方好也。匆留。黃裳　十日晨」。——這「東西」就是俗稱「小黃魚」的「小條」黃金也。「東西」到手，《域外小說》等便「亦去他處」。這是以黃金易書的另一種「交易」，其時約在48年冬，距今57年了。在黃裳好友唐弢用數十封信以不實之詞強加於沈後，眾口鑠金、積毀銷骨，「其口碑」怎麼「佳」得起來呢？當「陳文」向沈大張撻伐後，「舊識」老友不能免俗，也來「未落井、先下石」了……。「陳文」不明內情，胡亂取證，反致「弄巧成拙」。

六、關於「不容於世」的由來及發展

「陳文」口口聲聲侈談什麼「二級黨委作出的結論」。我們納悶：所謂「二級黨委作結論」是「文革」後期1975年的事，他怎會知道個中內情？聯繫他上次透露的「我早在30年前（即1974－1975年）就曾得到」《魯迅傳訪談記錄》這件事，謎底也就揭穿了。原上影黨組織負責人之一葛鑫同志，1989年1月列印分寄各有關方面（也寄給我們）的《沈鵬年同志〈對照檢查〉及其冤案》第5頁，正好為「陳文」所謂的「二級黨委」作了注解。

葛鑫同志寫道：「『文革』中從清隊、一打三反、深挖『516』等歷次政治運動」，沈都受到迫害。1975年葛鑫「親見親聞當時的『上海市革命委員會』有一份『紅頭文件』，是『張春橋重要講話』。」大意是「……上影廠內有人以『研究魯迅』為名，專門跑圖書館、到藏書樓去收集『整無產階級司令部』的黑材料……。這個人埋得很深，至今還沒有挖出來……。這個人

壞透了，挖出來抓了坐監獄也不解恨……。」於是由上影廠和電影局「二級黨委」的「五個黨委委員」親自出馬「辦沈的學習班，對沈大動干戈……。」沈沒有屈服，因此「二級黨委」在「1975年7月2日」作出「建議清除出黨」（手續未辦）的「結論」。

1985年6月15日中共上海電影總公司黨委以書面通知沈鵬年同志「鑒於原定案報告中有不實之詞，決定予以撤銷。」

現在「陳文」舊事重提，用大字標題揚言：對沈「不容於世」?!聯繫他1975年出入「市革會寫作組」，而當時徐景賢辦公室的人正好在旁和他談論沈某，張春橋對沈「坐監獄也不解恨」的印象自難淡化。30年後，從張春橋揚言對沈「坐監獄也不解恨」——發展到如今的「陳文」對沈「不容於世」……，其間脈絡，不正好是一脈相承嗎？

2005年1月4日

附錄

我為何寫《籌拍歷史巨片〈魯迅傳〉始末》

——孫雄飛給夏衍、陳荒煤等同志的報告

孫雄飛

上海電影總公司黨委□□同志等領導，為《大眾電影》發表了拙作《籌拍歷史巨片〈魯迅傳〉始末》一文後找我，詢問我的寫作本意和與沈鵬年同志的關係等問題，在口頭彙報之後，再要我寫書面報告，報告如下：

一、我的寫作本意和目的

我作為（當時）上影總公司電視部文學組負責人之一，編劇、審稿和寫影評，是我的本職工作。北京《大眾電影》和本單位《上影畫報》經常向我約稿。《籌拍歷史巨片〈魯迅傳〉始末》是《大眾電影》向我的特約專稿。我寫這篇文章的「本意和目的」是：

首先，我想用老一輩革命家，已故的毛主席和周總理生前關懷文藝工作，關懷《魯迅傳》的史實。證明黨能夠領導文藝。因為，自從1980年10月8日《人民日報》發表《管得太具體，文藝沒希望》後，有些人利用這篇文章，藉口所謂「歷時二十年拍不

出《魯迅傳》」為例，用以證明我們的黨「不能領導文藝」的錯誤說法，已引起廣泛影響，有損黨的信譽。鄧小平同志說：「信譽高於一切。」我是黨教育成長的電影工作者，組織上分配我到天馬電影製片廠時，正是《魯迅傳》影片籌備工作熱烈進行之時，情況比較瞭解，我有責任用事實證明黨能夠領導文藝，維護黨領導文藝的信譽。這是我寫這篇文章的本意和出發點。

其次，對於《魯迅傳》為何沒有拍成，「文革」中有許多不實之詞。當時出版的《紅旗》、《人民日報》、《解放日報》、《文匯報》和其他報刊，都發表過許多文章，錯誤地把責任歸罪於周揚、夏衍等同志。有一篇署名「東方紅電影製片廠」批判《魯迅傳》的文章，曾無中生有地誣陷鄧小平同志。這都是不符合事實的。粉碎「四人幫」將近十年了，這些誣陷不實之詞並沒有予以批判和肅清流毒。最近，還有人在《電影劇本〈魯迅傳〉紀略》中轉彎抹角地把《魯迅傳》沒有拍成的責任推在周揚、夏衍等人身上。據我調查，這不符合事實。黨號召「撥亂反正」，要「徹底否定文化大革命」。所以我用事實正面論述，從而徹底推倒那些「文革」中強加給鄧小平、周揚、夏衍等領導同志的誣陷不實之詞，維護黨的領導的信譽。

第三，近幾年來，銀幕上出現了譚嗣同、秋瑾、鄒容、蔡鍔、廖仲愷和李四光的形象，這是電影界的大好景象。但是，魯迅的光輝形象沒有在銀幕上展現，總是一件憾事。現在，社會上有一種懷疑魯迅的偉大存在和魯迅作品價值的錯誤傾向。今年《青海湖》八月號發表《論魯迅的創作生涯》一文，就是這種錯誤傾向的反映。明年是魯迅先生逝世五十周年，籌拍電影《魯迅

傳》應該列入議事日程了。

二、毛主席關懷《魯迅傳》的事實

原《魯迅傳》導演陳鯉庭和副導演齊聞韶等一再否認「毛主席
曾關懷《魯迅傳》」的事實：說什麼「毛主席沒有接見趙丹，沒有
關懷過《魯迅傳》……」。據我調查，這種說法不符合事實。

首先，趙丹生前曾親口告訴我。在上影廠為舉辦電影學校的
校友會，辦了一個《『銀幕與人』美術攝影展覽會》，我是負責
人之一。我們請趙丹為展覽會寫了「青出於藍」的題詞，他還參
加了剪綵活動。剪綵以後，我陪同趙丹從徐彙區文化館走到廠裏
參加慶祝會。路上談及了《魯迅傳》之事，我問他：聽說周總理
曾對拍攝《魯迅傳》有過指示？他說不僅周總理，而且毛主席
也關心過《魯迅傳》的拍攝。接著，他便把1961年5月1日毛主席
接見時談起《魯迅傳》的話告訴了我。毛主席問趙丹有沒有見過
魯迅？趙丹在激動中脫口而出，說了「沒有見過」。毛主席說沒
有見過也不要緊，只要多讀讀魯迅著作，把魯迅演得有深度。毛
主席說，影片拍成後先讓他看一看。趙丹記得當毛主席說到這裏
時，對魯迅很有感情地說，我見過魯迅，所以對你演魯迅演得像
不像，我有發言權。趙丹想起馮雪峰說過毛主席沒有見過魯迅，
因此問毛主席在什麼地方見魯迅的？毛主席告訴趙丹說，他先在
北大見過魯迅，以後又去魯迅家登門拜訪。趙丹說，毛主席見到
魯迅時，魯迅在教育部工作，負責管理圖書館的事務，到北大圖
書館去過。所以當時的魯迅有機會和毛主席見面。毛主席告訴趙

丹，魯迅是很關心青年的。當他知道毛主席每月工資只有八元錢時，曾提出願意介紹毛主席到其他圖書館工作，工資有幾十元，生活境況可以改善一些。毛主席表示他志不在此，便婉言謝絕了。《大眾電影》發表時，把「志不在此」四個字刪去了。據趙丹告訴我，這句話是毛主席說的。趙丹這次談話，我印象頗深，一直記著。校友會這件事，廠領導是知道的。

其次，《北京晚報》1961年5月26日發表一篇報導，題目是《有關電影〈魯迅傳〉的消息》。文中證實了趙丹的談話。文章說：「毛主席和上海群眾共慶佳節時，扮演魯迅的趙丹曾激動地向主席彙報了《魯迅傳》劇本修改的情況：主席風趣地同趙丹說：『上次是剃了光頭(拍《林則徐》)，這次要留長頭髮了。』……這種親切、細緻的關懷，曾給趙丹以無比巨大的鼓舞力量。」我看到這篇報導，心中更加踏實了。我堅信趙丹的話，都是事實。據趙丹對我說，「當時由於組織紀律，是不可能把毛主席同我講話的內容，隨便對外『擴散』，在《晚報》上公開發表的。這樣做了，是違反紀律的。」所以，趙丹只對《晚報》記者談了他「曾激動地向主席彙報了《魯迅傳》劇本修改的情況」，沒有談其他內容。記者採訪「有關電影《魯迅傳》的消息」，不是採訪毛主席同趙丹談話的內容，趙丹自然沒有必要把毛主席的談話內容都告訴記者。現在，有人藉口「記者沒聽說」作為理由，來否定毛主席同趙丹談話的事實，是不符合實事求是的原則的。

第三，在同年5月3日的《解放日報》上，也報導了毛主席接見趙丹，趙丹興奮地重讀《魯迅傳》劇本，直到深夜仍不能入睡，又提筆畫了一幅國畫，在上面題了「巍巍高山不老

松……」，寄託自己對毛主席熱愛的情思。這就證明陳鯉庭等所說，是站不住腳的。

第四，革命老幹部，1922 年由劉少奇介紹入黨的老黨員張瓊，也寫過《毛澤東同志會見魯迅的史實》，發表在1979 年《解放日報》的「內參」上。有《解放日報》的編輯吳芝麟同志為證。

第五，在上影廠拍攝由（趙丹的長子）趙茅導演的電影《晨曲》時，主要演員娜仁花有一個親戚，是中國民主促進會上海市委辦公室主任洪始先生。娜仁花每天晚上都住在洪先生家中，導演趙茅多次去過洪家。這位洪始先生與趙丹是老朋友。洪始在50年代寫過一本《林則徐傳》，由上海人民出版社出版，趙丹拍電影《林則徐》時去請教過洪始。聽說趙丹與洪始先生也談過毛主席曾關懷《魯迅傳》劇本修改的情況和毛魯會見等事。洪始把趙丹所說「毛魯會見」的事也寫成文章發表了。這也可以證明，我的文章絕不是「孤證」。

三、周總理對《魯迅傳》指示的事實

原《魯迅傳》導演陳鯉庭和副導演齊聞韶都否認「周總理對《魯迅傳》指示」這件事。據我調查，這種說法也不符合事實。

首先，上海市電影局在1960年6月印的一本由沈鵬年記錄並編輯的《魯迅傳創作組訪談記錄》。其中目錄的第一行是「周總理有關《魯迅傳》的幾點指示大意」，正文第一頁就是《周總理有關〈魯迅傳〉的幾點指示大意》原文。第199頁《訪談日誌》，就有「1960年4月3日周總理召談，在中南海」的記載：可

見，周總理關心《魯迅傳》是客觀存在的歷史事實，不能否定和抹殺的。

其次，1966年7月23日《青年報》發表《粉碎周揚在〈魯迅傳〉創作組的政治陰謀》；同年7月29日《文匯報》和7月30日《解放日報》先後發表《徹底粉碎周揚……詆毀魯迅的大陰謀》等反面文章，也提及總理的指示，還引用了周總理《有關〈魯迅傳〉的幾點指示大意》的部分原話。這是周總理曾關心《魯迅傳》的又一佐證和反證。

第三，《魯迅傳》編劇陳白塵，1981年寫《一項未完成的紀念》，發表在北京出版的《魯迅研究》上。陳說，創作《魯迅傳》劇本時，「周恩來同志又親自作了指示」。這更是一個重要人證。

第四，在《周恩來選集》下卷297頁，周總理說：「在座的都經歷過四個朝代：清朝、北洋軍閥政府、國民黨政府和新中國。新中國成立以前的史料很值得收集。時間過得很快，開國至今已經十年了，如果不抓緊，有些史料就收集不到了。……對過去的東西也需要研究，新的東西總是從舊的基礎上發展起來的……有些東西不趕快記載下來就會消失。從最落後的到最先進的，都要記載下來……我如果有時間，也願意寫點東西暴露自己的封建家族。對袁世凱我不熟悉，誰要寫蔣介石的歷史，我還可以供給一些資料，兩次國共合作，我和他來往不少。暴露舊的東西，使後人知道老根子，這樣就不會割斷歷史。」據趙丹告訴我，周總理對《魯迅傳》創作組有關人員也說過這樣的話。經過核對和分析，我認為真實可信。故加了引號。

四、我與沈鵬年同志的關係和看法

　　我與沈鵬年同志是同在上影廠工作的同事關係。我寫《籌拍歷史巨片〈魯迅傳〉始末》這篇文章是北京《大眾電影》的約稿，同沈鵬年沒有絲毫關係。但是，我對沈的看法，是有一個認識過程的。

　　首先，我和中共上海市委紀律檢查委員會負責人石濤有點遠親關係，（他家住愚園路1088弄120號，我曾到他家去過多次。）我在電影學校讀書時，他是上海經濟研究所所長。原來他是長寧區委書記，沈是他的老部下。他對沈鵬年印象頗好，說他是個好同志。但我在廠裏聽到對沈的種種流言蜚語，有點吃不準。今年年初的一個晚上，沈冒雨為「一創」（即上影廠第一創作組）的同志送（內部）電影票敲錯了門。我見他渾身是水，便讓他進屋坐了一會。原來他正為「一創」幾位同志送第二天（上午）的電影票，已兜了一個大圈子，連飯也顧不上吃。粉碎「四人幫」即將十年了，對沈審查二十多年還沒有「落實政策」，被掛在「一創」，做秘書工作。一個年近六十歲的老同志，在下班後輾轉擠乘公交車東奔西跑，為提早回家的同事送第二天一早看參考片的電影票……。這件事引起了我的深思。後來我對這個「怪人」作了一翻調查，發現許多流言蜚語都不是事實。因此，我便相信了石濤的話。

　　其次，我在《書林》上看到茅盾的話，對沈有很好的評價。又瞭解到沈鵬年根據周總理的指示：「如果不抓緊，有些史料就收集不到了」和「有些東西不趕快記載下來就會消失」的精神，

電影〈魯迅傳〉籌拍親歷記

從1960年到1964年採訪了有關人士四百三十六人，寫出訪談記錄一百二十多萬字。其中電影局和天馬廠鉛印、油印、複寫的就有八十六萬多字。夏衍在《電影論文集》、《夏衍論創作》都說：「《魯迅傳》創作，資料工作搞得很好，改編就有了依據。」所以我在《大眾電影》發表的文章中說：「沈鵬年……為劇本創作提供了極其珍貴的素材。」完全是事實。

第三，上海圖書館為我提供了：中共中央馬恩列斯著作編譯局在《馬克思、恩格斯著作在中國的傳播》一書中肯定沈鵬年的資料工作（見第15頁）；《南開大學學報》上發表了張鐵榮等聯名寫的文章，認為沈鵬年在《魯迅傳》組的資料工作，對魯迅研究的某些方面「有新的突破」；香港《新夜報》、北京《讀書》月刊、黃裳著《過去的足跡》、《上海師範大學學報》都有專文介紹沈鵬年在「四清」和「文革」期間冒險轉移和隱藏《魯迅傳》資料和其他史料的事實；還有蘇聯、日本、美國的有關書刊也談及了這一點。——瞭解了這些材料之後，我認為廠裏對沈鵬年太不瞭解，以致發生了許多誤解。我想幫助廠裏進一步瞭解沈鵬年：因為用老眼光和偏見，是不可能真正瞭解一個人的。

第四，我見到過沈鵬年的工作證，廠裏正式任命他的職務是「資料組組長」。我又瞭解到《魯迅傳》攝製組有個「採訪整理組」，組長由天馬廠副廠長楊師愈兼任，副組長是沈鵬年。有打印的文字記載，我在《大眾電影》上說沈是「資料組長」，沒有寫錯。

第五，在「四清」中沈鵬年為了拒絕交出《魯迅傳》資料，受到重點審查。在重重的壓力下，他為了要掩護已轉移的《魯迅

傳》資料，被迫違心地用經濟問題和生活瑣事來掩蓋所謂「夏陳路線問題」。他為了保護別人，背了「貪污資料」的黑鍋，退賠資料折價款八十五元（我見到過他的退賠收據）。長期來，他甘忍屈辱，完整保存了《魯迅傳》資料。其中有《魯迅傳》下集稿本，是存世之孤本，也是今後拍攝《魯迅傳》必不可少的依據。這些都是沈冒種種政治風險才得以保存下來的。這種品格，不能不說是優秀的。我在《大眾電影》上並沒有寫錯。毛主席說「千秋功罪，誰人評說」，──由人民來評說。我作為人民的一份子，根據事實當然可以對沈的這一段歷史進行「評說」。我是以歷史唯物主義的觀點來看待沈鵬年的。我認為我的文章並沒有寫錯。

第六，我看到過葉以群和沈鵬年在一起的照片。我讀過葉以群寫的文章，他提到沈鵬年，語氣都是非常親切的。1958年12月打印的葉以群執筆的《艱難時代──魯迅的故事》文學劇本第90~93頁附《魯迅在上海大事略表》，就是葉以群要沈鵬年編寫的。他們早就是老相識，關係密切。據我瞭解，在葉以群被逼殉難的前一天傍晚，他們兩人曾有過一次偶然的會面。我在《大眾電影》上了介紹了葉以群和沈鵬年的一段關係，我寫的是事實。

第七，孔羅蓀在《懷念以群》中提及了葉以群的「自殺之謎」。他說：「以群跳樓自殺……在『文化大革命』的十年中，懸在我腦海裏的『謎』一直沒有解開。」我在《大眾電影》上寫的一些內情，完全是事實。我調查後，解開了這個「謎。」

第八，1983年，黨中央紀念馬克思逝世一百周年時，中共中央馬恩列斯著作編譯局編輯出版的《馬克思恩格斯著作在中國的傳播》第15頁，已經公開把「上海電影製片廠原《魯迅傳》創

作組沈鵬年同志」調查採訪和收集資料的事蹟，夾寫在毛主席和陳望道的事蹟的中間。照此先例，我在《大眾電影》發表的文章中，提及沈隱藏《魯迅傳》資料的事蹟，絕不是「錯誤」。

五、我對陳鯉庭等人電報的意見

陳鯉庭、齊聞韶等四位大人物是文藝界的前輩，我素來對他們很尊敬。我為了維護黨對文藝領導的信譽，寫了這篇文章，講了真話。此心耿耿，可對天日。他們說「毛主席沒有接見過趙丹，沒有關懷過《魯迅傳》」；「周總理自始至終沒有關心過《魯迅傳》」：「沈鵬年不是《魯迅傳》的資料組組長」等等，這些說法並不符合事實。《紅旗》今年第四期發表《文字論戰的規則》一文中，提出了「文字論爭的對等原則」，批評有些人「以勢壓人」的「不公正的態度」。我要求在發表他們反駁我的文章或什麼「聲明」的同時，一定要同時發表我的答辯文章，以示公允。

1985年10月22日寫畢

（本文同時呈報夏衍同志，並致中國社科院文學研究所所長陳荒煤同志和中國影協副主席司徒慧敏同志。）

作者：原任上海電影總公司電視文學組組長。

現任上海新文化傳媒集團有限公司北京分公司負責人、孫雄飛工作室總監。

附識：

　　夏衍同志收到孫雄飛的報告後兩月，於1985年12月25日囑咐沈鵬年：根據《魯迅傳》藝術檔案進一步寫作《巨片〈魯迅傳〉的誕生與夭折》。1986年2月2日沈鵬年將文稿寄呈夏衍同志。同年4月28日夏公函復：

　　「鵬年同志：

　　　來信及大作已拜讀，並已轉請喬木、周揚同志審閱，他們如有意見，當再奉告。

　　　順致

　　　敬禮

　　　　　　　　　　　　　　　　夏衍28＼4」

　　1986年6月21日夏公（因治療眼疾白內障）來上海，在華東醫院病房向沈轉達：胡喬木、周揚兩同志「審閱」後同意公開發表。

　　1986年11月由學林出版社出版、新華書店上海發行所發行的《生活叢刊》作為「本刊特稿」全文刊載。

　　——在二十五年前我之所以能夠寫作、發表《巨片〈魯迅傳〉的誕生與夭折》，正是孫雄飛這份報告所促成。事隔二十五年後，拙著《電影〈魯迅傳〉籌攝親歷記》可謂當年《籌拍歷史巨片〈魯迅傳〉始末》的延伸和完善。為此徵得孫雄飛先生同意，將這份報告作為本書代跋，以證因果，藉存史實。

後　記

　　以半個世紀前的原始文證為依據，把現場親身經歷的《電影〈魯迅傳〉籌攝實錄》告一段落，想起魯迅先生第一部文集《墳》後記引錄的古詩：……嗟大戀之所存，故雖哲而不忘，覽遺籍以慷慨，獻茲文而淒傷！──不免感慨繫之。

　　──「大戀」何所存？緣何而「淒傷」？

（一）

何謂「大戀之所存」？

　　這裏保存著新中國建國初期文壇──影壇關於籌攝電影《魯迅傳》的最真實的歷史。若干年來，坊間出現了不少有關電影《魯迅傳》杜撰的離奇故事，使人眼花繚亂，難識「廬山真面目」。本書提供的第一手資料，請廣大讀者、學者、研究者鑒賞和鑒別。

　　這裏保留著「魯迅研究史」上一段珍貴的秘笈。周揚、夏衍、邵荃麟、陽翰笙、馮乃超諸前輩的「魯迅觀」，過去鮮為人知。通過籌攝電影《魯迅傳》，他們的「魯迅觀」暢談無遺。由

於本書的出版，當年的咳吐珠玉、不會隨風而逝、化為煙埃而消失。——這對今後的「魯迅研究史」也算提供了一份新的研究資料，可供專家、學者們咀嚼、體味、思考後作出各自的判斷。

這裏還有我過去的生命的一部份——逝去青春的餘痕。從「而立」之年到耄耋高齡，我在「上影」廠消磨了半個多世紀的歲月。也是我在「上影」集團曾經工作過的證據。人生多苦辛，磨難何所懼，憑這一點得到了一些安慰。這是非常值得留戀、值得紀念的。

這裏顯示了夏衍同志所說「這是一項嚴肅的創作任務，涉及我們黨當時按照文藝特性和藝術規律領導文藝的一次實驗。」電影《魯迅傳》如果攝製成功，就是貫徹「文藝八條」的一個範例。可惜功敗垂成。建國十七年間，中央和上海市委有關領導如此具體而直接抓一個「劇目」，是前所未有的。當時上海市委第一書記柯慶施對魯迅是很尊重的，他一到上海，便批准在虹口公園建設新的魯迅紀念館；1956年10月14日魯迅靈柩從萬國公墓遷葬虹口公園，柯慶施親扶魯迅靈柩送葬；接著創議拍攝電影《魯迅傳》。

據《魯迅傳》創作組組長葉以群同志親口告訴我：拍攝電影《魯迅傳》要起用一個「非黨導演來執導」的決定，也是上海市委第一書記柯慶施同志「拍板」的。柯慶施認為「電影《魯迅傳》攝成後要面向外國，用一個國民黨熟悉的『非黨導演』執導，至少胡適那幫人看了就沒有話說了」。陳鯉庭在創作組中之所以敢於抵制葉以群寫的劇本、陳白塵寫的劇本、夏衍寫的劇本……，「有恃無恐」，其源蓋出於此。

——《電影〈魯迅傳〉籌攝實錄》也是順應魯迅研究工作

者所需要的。2008年葛濤先生兩次賜函云：「聽說您已經80多歲了，倘若您再不把您所知的歷史真相披露出來，後人將會受到一些魯學家的誤導，無法真實地瞭解到您所做訪談工作的真正的價值！」葛濤先生還說：「很希望通過史料瞭解當年《魯迅傳》創作過程的真實面貌，……瞭解當時情況的當事人已經很少了，如不趕快把這些歷史資料收集、保存下來，將來的歷史會無法準確地記錄這件事的。」這些誠摯的期望給我以信心和力量，在上影有關老同志的支持下，基本上把「當年《魯迅傳》創作過程的真實面貌」公諸於眾。至於葛濤先生「關心的」關於「《魯迅傳》創作組和攝製組的一些細節故事」，雖然涉及了一部份，尚未能全部托出，比如記載在石羽筆記中的《導演報告》，本是攝製組中一件大事，書中一字未提，此中隱情尚待進一步披露。

（二）

那麼，我究竟緣何而「淒傷」？

「狂臚文獻耗中年，亦是今生後起緣。」我學習、研究魯迅的「緣」始於1936年10月20日萬國殯儀館瞻仰魯迅先生遺容。在恩師張瓊的教導下，我立下了「情系魯迅獻終身、不求依附但求真」的誓願。——八十五度春秋證明我沒有違背早年的心願。

我出身名門、是具有一定資歷的魯迅研究工作者，為人一貫低調、與世無爭。

可是，近三十年來，尤其是在近幾年，魯迅研究領域個別新秀，（如陳某、王某）在權威刊物發文，指名污蔑我。我不願

和後輩爭短長，置之不理。不少好心朋友為我著急，說他們用納粹法西斯戈培爾「謠言千遍會變『真理』的故伎」，欲去我而後快。嚴肅勸我：即使自己不以為意，身背黑鍋，世人不察，也是對歷史和子孫後代不負責！

朋友的話，言之有理。但我知道：我與這幾位新秀素不相識、從未謀面，毫無個人恩怨。他們只是誤聽偏信了他們某師長對我的誣陷不實之詞，跟著起哄……。謠言固然止於智者，必要的說明也是應該的。——為此，針對某新秀瞎編我的身世，茲將家世簡略交代：

我出身洞庭東山沈氏家族，是一個具有「革命」傳統的家庭。

先曾祖錫章公是追隨孫中山先生的同盟會會員，辛亥革命光復上海有所貢獻。中華民國元勳張人傑（即張靜江）親題「源遠流長」匾以表彰。抗戰爆發，先祖裕春公為「愛國、擁共、抗日」向中共領導的「江抗」（新四軍前身）捐獻軍糧大米二百石（每石156斤）。為此，日寇侵佔東山，我家三學書屋遭日寇焚毀。（見《東山歷史文化叢書》記載）

早年，我從內山完造先生手中購得的《海上述林》和《北平箋譜》；經地下黨職工委書記彭柏山先生介紹向魯迅紀念會購得的木箱紀念本《魯迅全集》（編號第45號）保存至今均已超過七十五年。我以黃金向《文匯報》一記者換來的1909年日本東京版《域外小說集》，珍藏至今亦逾六十年。我千辛萬苦覓得的新文學珍本書如：新潮社初版本《吶喊》；魯迅親筆簽名本《兩地書》；豪華版《蘇聯版畫集》；胡適親筆簽名的《四十自述》；郁達夫親筆簽名的《達夫全集》；徐志摩、陸小曼親筆簽名的《愛眉

小札》；茅盾布面精裝本初版《子夜》；以及周作人、郭沫若、蔣光赤、柔石、胡也頻、李偉森等舊社會的以及胡風和胡風集團等新社會的「禁書」、「珍本」（還有如郭沫若《一隻手》、《瓶》、《前茅》、「反蔣檄文」以及當年共青團員施蟄存《追》等）歷經日本侵略者的黑色恐怖、國民黨反動派的白色恐怖、「文革」浩劫的紅色恐怖，由於老伴陳雪萼和長女育群等的多次轉移、苦心保護，依舊完好無損。不妨借「剝」魯迅先生贈許廣平詩以自勉：

「七十」年攜手共艱危，以沫相濡亦可哀，
聊借「藏書」怡倦眼，此中甘苦兩心知。

值得自豪的，我保存了胡風在魯迅先生支持下編的《木屑文叢》，在雪峰支持下編的《工作與學習叢刊》，以及胡風的第一本文集《文藝筆談》、《密雲期風習小記》等初版本，經我在上影的「文革」難友朱微明同志（彭柏山夫人）介紹，提供給剛出獄的胡風先生。為此胡風先生要梅志先生給我回信，表達「胡風（對我）的感謝」。在舉世傾國的「反胡風」高潮中保存胡風的「手澤」（有胡風親筆簽名）珍籍，首先要感謝我老伴陳雪萼的密切配合。

——再套用一句《水滸》的話「天可憐見」！我是一個「不愛名利只愛書」的共產黨人。我出身富裕的書香門第，在張瓊等恩師教育下，半工半讀，走上革命道路，歷經艱難，榮獲了建國六十周年的紀念章。

上海解放前，我在中共地下黨直接領導下工作的片斷，被載入《中共上海黨史資料選輯·洞庭東山旅滬職業青年革命活動史

料》第二輯第43頁上海總工會編、勞動出版社出版《上海工運史料》對我也有記述。

由於我力所能及，盡了一個共產黨員應盡的義務，2002年至2004年曾三次受到上海市一級組織的表彰和獎勵。（見於上海市委的和上海總工會的有關報刊）

我整理的禪宗典籍《古尊宿語錄》由上海古籍出版社出版後，正好旅居美國紐約，辭謝了美國宗教研究院沈家楨院長邀我為該院「研究員」的聘請；我們幫助撫育了兩個美國外孫，美國女婿贈與萬元美金鉅款，我們全部捐給了美國國際兒童救濟中心和上海兒童福利院（均有證書）；不願離開祖國，多次拒絕當美國「移民」。──由此可見，富貴榮華於我如過眼雲煙，不屑一顧。

但是，由於在研究魯迅領域和籌攝《魯迅傳》過程中，「得罪」了兩個「權力」者，他們通過《魯迅研究月刊》等媒體，把我誣陷為「偽造」歷史的「騙子」?!在國內刊物「封殺」、不給我發表文章……。對此我從不計較，但事實真相不容混淆、應該辯明。

──我一生清白，無端遭誣，申訴無門，能不「悽傷」！

（三）

這兩個權力者，其實是我的熟人和同事：

第一位是前魯迅博物館魯迅研究室顧問唐弢。

結怨起因：1947年美帝國主義正在以飛機槍炮大力支援蔣介石破壞國共和談、公開鎮壓共產黨、進攻解放區時，身為《文匯

報》編委的唐弢在同年的《文匯日記》題詞：「在政治上學習歐美，在經濟上學習蘇聯，這是今天中國民主運動的正確方向。」這在當年是被認為「不正確」的態度。是共產黨公開批評的「第三條道路」的主張。

——1957年唐弢在上海作協爭取入黨，作協副主席兼書記葉以群徵求我對唐弢的意見，我以實事求是的精神把唐弢手跡的照片交給以群，希望幫助唐弢提高覺悟、端正入黨的認識。——唐弢為此對我恨之入骨。

第二位是前天馬電影製片廠廠長、《魯迅傳》導演陳鯉庭。

結怨起因：我奉命在徐家匯藏書樓查閱三十年代舊報刊時，在1933年12月國民黨上海市黨部機關報《民報》上，看見陳鯉庭連續三天發表「痛恨共產黨」的「緊要啟事」。我頓時大吃一驚，自己是黨員，卻在為「痛恨共產黨」的導演工作，感到不安。便要藏書樓代攝了這三天報紙的照片，報告廠黨委。

「金無足赤，人無完人」，本來這些陳年爛瘡疤不揭也罷。不料，時至2008年，這位百歲老人並不諱言自己在1933年被國民黨反動派「一批鬼鬼祟祟的特務」抓捕的「歷史」。「知恥近乎勇」是傳統美德，可惜他未能循著歷史的本來面目，讓讀者感知當年真實的狀況，卻以時代相隔久遠而「粉飾歷史」，為國民黨特務大唱讚歌。例如在他授意下寫道：

「陳鯉庭走上電影道路……，得以在報紙上寫電影評論文章，又該拜謝逮捕他的特務。……陳鯉庭被捕，送進了員警總局。唯一的一次傳訊是談話式的，……審訊者將信將疑，又把陳鯉庭轉移到上海龍華警備司令部看守所，……主管這裏軍法處的

處長叫陶百川，此人居然在上海《民報》副刊當主編，屬於半個文人，……向陶百川交涉說情，據理力爭，陳鯉庭終於走出牢門，見到了明媚的陽光。」（見《遙遠的愛——陳鯉庭傳》2008年10月中國電影出版社出版第36—37頁）

陳鯉庭口中「通情達理」的龍華警備司令部看守所，反映在魯迅先生筆下是「忍看朋輩成新鬼」的柔石、殷夫等左聯五烈士英勇犧牲之地；也是「龍華千古仰高風，烈士身亡志未窮，牆外桃花牆裏血，一般鮮豔一般紅」的血淚遺址。魯迅先生在1936年4月15日還沉痛地寫道：

> 「……看桃花的名所，是龍華，也有屠場，我有好幾個青年朋友就死在那裏面，所以我是不去的。」

——這血淚斑斑的屠場居然使「陳鯉庭見到了明媚的陽光」。誤導青年，怎麼對得起柔石、殷夫等在龍華犧牲的無數革命先烈?!

夏衍同志說：

「1933年前後，國民黨反動派進一步加緊扼殺進步的國產電影運動，當時的『電檢會』，竟連『九一八』三字也不許在銀幕上出現，據說誠恐有傷『中日親善』；……到1933年底，藝華影片公司被『影界鏟共同志會』搗毀，電影院被『影界鏟共同志會』警告，要拒演田漢等的影片，魯迅先生以愛護和捍衛中國民族電影之熱誠，把這些反動的罪行都記錄了下來，寫在《准風月談》後記中，作為國民黨反動派迫害中國進步電影的歷史鐵證。」

事實是：陳鯉庭「走出牢門」是有條件的。「明」的條件，在國民黨的黨報《民報》上公開發表「痛恨共產黨」的《緊要啟事》，而且要連續刊登三天。至於「暗室操作」，則非外人所知了。因為陶百川和潘公展一樣，當年雖以「文人」面目現身於世，卻都是國民黨的文化特務頭子。從「電檢會」到「影界鏟共同志會」的所作所為都是出自他們「傑作」。

為了對歷史負責，有必要把真實情況披露如上。

（四）

作為一個中國共產黨的普通黨員，從上海解放開始，我先後在黨的滬西區委、江寧區委和長寧區委工作近十年。在吳亮平書記和張祺書記的直接領導和關懷下，鼓勵我利用業餘和假日編著出版了《魯迅研究資料編目》和《革命先驅者論文化藝術》兩部百萬字的資料、工具、史料集。經過組織推薦，成為中國作家協會上海分會的會員。

中央和市委決定拍攝電影《魯迅傳》，市委宣傳部調我至上影《魯迅傳》創作組負責資料工作……，從此在上影耽了半個多世紀。

我真正為《魯迅傳》創作組工作，是1958年至1962年整整五年。五年中在夏衍和葉以群的直接領導、關注下，完成了中央和市委有關領導對《魯迅傳》創作的建議、意見的記錄整理；編著二十餘萬字、全方位、多角度的《魯迅生平及有關史實年表》；訪問與魯迅有關的數百位知情人的記錄、整理和編印；為主要演

員趙丹、藍馬、石羽、于是之等塑造劇中人魯迅、李大釗、胡適和范愛農、王金發等角色寫了《創作手記》和《人物瑣談》；奉命整理發表了有關魯迅生平新史料的《採訪札記》近百篇；周揚寫信給我，要我為魯迅研究作出新的成績，夏衍、葉以群、陳白塵都鼓勵我編寫《魯迅歷史調查記》，為此收集了魯迅抄古碑、研究佛經和探索馬克思主義的大量材料⋯⋯。

由於奉命查閱三十年代報刊時，發現1933年12月陳鯉庭在《民報》連續三天發表「痛恨共產黨」的「鄭重啟事」，我拍攝了照片，無意中得罪了陳鯉庭。於是，被「整」的厄運籠罩我二十多年。

早在1963年原《魯迅傳》顧問團負責人、文化部夏衍副部長在《電影論文集》公開稱我對「《魯迅傳》創作，資料工作搞得很好」；但陳鯉庭以廠長的權力「整」我所謂「貪污資料」。「文革」中「上海電影系統大批判組」批判他「把持《魯迅傳》創作組導演和行政大權」，「在《導演闡述》中叫嚷要把魯迅的愛表現為厚重寬大。」他說這是沈鵬年「製造假材料陷害他」⋯⋯。

「文革」十年，我沒有政歷問題、也沒有「現行」問題。被「審查」十年的主要「罪名」就是所謂「製造假材料陷害陳鯉庭」⋯⋯；

究竟是什麼「假材料」？──就是《魯迅傳》導演陳鯉庭在攝製組作過一次《導演報告》，電影術語《導演闡述》。──陳鯉庭否認作過《導演報告》反誣是「沈鵬年偽造」。

事實上，《魯迅傳》的主要演員石羽親筆寫的《魯迅組學習

筆記——1961.2.28》中，明確記錄「第二階段理解魯迅——『導演報告』……」，這也是攝製組確實有過《導演報告》的旁證。

「文革」結束以後，我仍以所謂「製造假材料陷害陳鯉庭」的老「罪名」被「清查」……。

原天馬廠黨委書記丁一升任上海電影局副局長，在支部大會上為我說了公道話，表示要及早解脫我……。未能如願。原天馬廠副廠長、當時的整黨領導小組長、我所屬的黨支部書記葛鑫兩次代我提出書面申訴，證明我並沒有「製造假材料陷害陳鯉庭」……依然無補於事。——這是一個很耐人尋味的問題。

日本學者丸山升先生在研究中國文學的時候，強調指出：「研究中國，研究人的命運的時候，不講人事關係是講不清楚的。而我們的歷史敘述，講人的命運是回避這個問題的。」（見《中華讀書報》2010年10月20日頭版報導）

在老書記丁一同志和老廠長葛鑫同志堅持黨的原則、按照黨章精神為我辯護這件事，在「人際關係戰場」受了挫折。《魯迅傳》導演敢於把葉以群寫的劇本、夏衍寫的劇本、最後由陳白塵寫的定稿都棄如敝屣；在「文革」中《魯迅傳》創作組長葉以群首先被逼遇難，夏衍被打斷腿骨致殘，趙丹被折磨致癌，藍馬被迫害身亡，上影的老導演應雲衛從病床揪至淮海路遊鬥致死，鄭君裏和顧而已等均迫害而死……。唯有《魯迅傳》導演歷浩劫而全身，「人際關係太起作用了」。

葛鑫同志從檔案中找出證據三件，寫了《「導演闡述報告」不是無中生有，更不是「偽造」》呈局廠黨委。證件（上）廠藝術檔案中有這一報告的油印件；（中）1971年電影局批《導演闡

述》內容與檔案材料完全一致；（下）證明《導演闡述》確實
有，決不是沈鵬年所「偽造」。

陳鯉庭要場記劉恩玉刻字印刷的《導演闡述》，又名《導演
報告》，它與《結合時代經歷看魯迅的性格思想和戰鬥》名異而
實同。檔案中有《導演闡述》。

葛鑫同志還以自己參加「沈鵬年專案」看到全部材料的親身
經歷，再進行深入的調查研究，親筆寫了一看事實、二看性質、
三看方法、四看態度、五看後果、六看內容等方面的系統而雄辯
的辯護報告，證明沈鵬年「沒有偽造材料陷害陳鯉庭」。

老書記丁一和老廠長葛鑫兩位同志堅持黨的實事求是的思想、
作風，以事實為依據證明沈鵬年沒有「製造假材料陷害陳鯉庭」。

丁一說：「沈鵬年手中掌握了陳鯉庭三十年代在國民黨的報
上發表『痛恨共產黨』的反黨聲明的原件照片。如果拋出來，被
群眾知道了，在當年『文革』的揪鬥高潮中，真的要打成反革命
了。沈鵬年並沒有這樣做，可見他沒有『陷害』陳鯉庭的動機和
目的。……」

葛鑫同志為了證明沈鵬年沒有「陷害陳鯉庭」，在局、廠黨
委據理力爭；甚至和電影局顧問、上海市文聯副主席于伶大吵了
一架……。于伶勸葛鑫：「你和鯉庭都是三十年代的老朋友，何
必為區區一個沈鵬年同鯉庭傷了感情……。」

——「貪污資料」、「陷害陳鯉庭」兩項「罪名」未能成
立，同為《魯迅傳》創作組成員的唐弢、陳鯉庭南北呼應，通過
門人用「唐亮仁」化名，在1987年12月《魯迅研究動態》發表污
蔑沈鵬年的大批判文章，題為《他在「學術爭論」的背後幹些什

麼？——記沈鵬年造謠撞騙的幾個事實》妄圖在全國搞醜沈鵬年……。這就是流傳在魯迅研究界的沈的「惡名」之始。

（五）

當孫雄飛同志應《大眾電影》約稿，奉命寫了《籌拍歷史巨片〈魯迅傳〉始末》以後，陳鯉庭在唐弢等支持下，又掀起了新的風波。在提出什麼「毛主席沒有接見過趙丹」、「周總理自始至終沒有關心過《魯迅傳》」等說法「破產」以後，便誣陷所謂沈鵬年「偽造」毛澤東與趙丹、周恩來與葉以群談話記錄……。搞出了一份所謂《關於沈鵬年偽造毛主席、周總理談話記錄等問題的調查報告》。

為了澄清事實真相，中共上海電影總公司導演室支部書記（沈的直屬領導）葛鑫同志寫了《再為沈鵬年同志辯護與要求》呈報中央組織部和有關上級。葛鑫原件（部份）和中共中央組織部副部長（中顧委委員）李銳同志（曾任毛澤東秘書、《廬山會議實錄》作者）給葛鑫同志的回信：

> 葛鑫同志寫道：「我寫了《還一個共產黨員的政治生命》為沈鵬年同志辯護與要求，得到中央和市委同志關注（按：中共中央書記處書記兼中宣部部長鄧力群批復和市委宣傳部副部長龔心瀚批示）感到振奮。……最近又看到了局黨委1987年7月11日印的《關於沈鵬年在『文革』中錯誤的複議結論》……否定了我的辯護與要求。……《複

議結論》對沈的問題又被誇大了。所謂新問題（按：指所謂『偽造』毛魯會見、「周作人史料」）原上影導演室支部和我早已瞭解，……曾在《整黨一年回頭看》總結書面報告中已經提及，局黨委是應該瞭解的。現在提出的所謂新問題（按：即1987年7月11日打印的所謂《關於沈鵬年偽造毛主席、周總理談話記錄等問題的調查報告》）都是一些不成問題的問題。有的甚至混淆了學術問題與政治問題界限。我從部隊轉業到上影廠38年，看到一個同志受到如此不公正的對待，責無旁貸，再次為他辯護與要求。」

中共中央組織部副部長李銳同志覆信道：

「葛鑫同志：

信、件（即為沈辯護）都收到。即轉有關部門。我當同中組部有關同志商量，為解決此事考慮一個妥善辦法。

我們不認識，上影內部估計也很複雜。你為此事如此鄭重過問，相信你的發言權和仗理直言。

我已退居二線，轉轉信還是可以做的。

祝好   李銳 四、十一」

據葛鑫同志說：當中共中央組織部有關同志來瞭解情況時，已經離休退居家中的丁一同志特地趕來，說明毛主席接見趙丹時的談話和周總理解答葉以群提出《魯迅傳》創作中遇到的難題如何處理的談話，原係檔案材料，「文革」初造反派搶檔案前夕，

丁一為了防止被造反派搶掠而及早轉移。「文革」結束後由導演室支部轉呈黨委的。丁一證明：「這些材料不是沈鵬年偽造。」——這份所謂《關於沈鵬年偽造毛主席、周總理談話記錄等問題的調查報告》被否定。（後來作為廢紙處理流傳在外。）

1967年1月25日衛禹平給沈鵬年的親筆信可為此事佐證。

衛禹平給沈鵬年的信中寫道：

沈鵬年同志：

　　廠裏形勢變化很快。大衛（按：指保黨委的一派紅衛兵組織。）已證實是資產階級反動路線的工具。確是楊永直（按：市委宣傳部部長）在幕後操縱的。鐵牛（按：當時是演員劇團副團長）已寫大字報交代，有關人尚有宋崇、二林等。我們都認為應該解散大衛，起來造反。從宋崇等人一直造上去。當然每個人自己的思想也可大大清理一下。

　　留交你處的一疊（包）材料（周揚等人的發言）（按：指周揚、夏衍、林默涵、陳荒煤與《魯迅組》創作人員的談話，以及毛主席和趙丹、周總理和葉以群的談話等記錄）是（黨委書記）丁一交張惠鈞（黨員）再轉人交給我的。我沒有細看過。但是為了劃清界限，我認為應該交出去，星期一就兌現。你可否今天下午攜這包材料到我家來？我們商量一下。……對聯合戰鬥隊（按：指反黨委的一派）要重新估價。別的面談吧。

　　敬禮

　　　　　　　　　　衛禹平，一月二十五日晨（1967年）

第二天在衛禹平家我們把這包材料仔細檢查後，因《紅旗》點名批判周揚，商量決定把周揚的發言記錄交還丁一供批判之用。另外毛主席與趙丹、周總理與葉以群等談話記錄，仍由我保存隱藏，沒有交出。「文革」結束後我交給支部書記葛鑫轉呈廠黨委。

2004年10月20日陳福康先生稱從冷攤撿得，當作「寶貝」，輕率地在《中華讀書報》發表大批判文章，這是很不應該的。

就在此事被否決後兩個月，沈鵬年接到美國紐約大學邀請，由於丁一和葛鑫兩位同志的支持，人保科李家祥同志具體操辦，短短五天就代沈鵬年辦妥了出國護照。

（六）

在所謂「偽造」《導演闡述》、「偽造」毛主席、周總理談話記錄等不實之詞均予否定、得到澄清以後，唐弢及其門人又提出：

所謂「偽造」：

一是「偽造」毛澤東與魯迅曾經會見的歷史；

二是「偽造」周作人「出任偽教育督辦」與地下黨「北平特委」有關的事情。

其實，這兩件事並非我「偽造」，而是我親耳所聞、親身調查的實錄。 古代對「文獻」的涵義，包括典籍和賢者口碑兩部份。西方稱為「口述歷史」。我奉命從事的調查實錄，是口述歷史的一部份，無足怪也。

《行雲流水記往》的《後記》中，對此已擺出事實、有所辯明。近據友人李鏞先生告知：臺灣《傳記文學》等海外報刊發表

文章，對此仍有質疑。不得不再作簡單說明：

（七）

其一、關於「毛魯會見」的史實。

　　是1922年由楊開慧介紹加入共產黨、由毛澤東主持入黨儀式的老共產黨員，「文革」結束後任上海市政協委員、虹口區副區長張瓊（即我的恩師）最初在1978年6月27日口述，由其秘書鍾向東記錄列印存檔、並經《解放日報‧內參》發表；1979年張瓊請上海圖書館書目部主任葛正慧核實校正定稿，報送上海市委宣傳部。當時市委宣傳部文藝處長劉金在1992年4月25日北京《新聞出版報》專文介紹張瓊口述、校正、存檔、呈報的經過，證明「不是沈鵬年偽造」。

　　我為什麼在1982年的《書林》雜誌發表《周作人回憶實錄：毛澤東到八道灣會見魯迅》？——因為張瓊的回憶文章送北京唐弢後，由唐弢及其門人公開發文指責「張瓊回憶」、「如沙上建塔」、「荒唐無稽」……。張瓊其時已重病臥床，她要其義子宋濤持（張瓊）便條，委託沈鵬年根據《周作人日記》及訪問周作人的記錄，整理成文為張瓊作旁證辯誣。張瓊委託沈鵬年寫旁證文章的經過，見《臨沂師專學報》（社會科學版）1984年第3期，題目《關於「毛澤東會見魯迅」問題的一些事實——張瓊委託沈鵬年發表周作人材料始末》，作者宋濤，工作單位：華東師大《漢語大辭典》編輯。

張瓊回憶毛澤東會見魯迅的檔案原件，現在存於上海市愛國主義教育基地之一「張瓊同志紀念室」。這份檔案材料連同劉少奇給張瓊的親筆信，一起公佈在紀念室中。

唐弢及其門人一再攻擊我「偽造」完全是誣陷不實之詞。本單位直屬領導葛鑫同志和上級——市委宣傳部文藝處劉金處長，都一再為我發表辯正文章，主持公道……。

我由於為恩師張瓊同志辯誣而寫了有關「毛、魯會見」的旁證材料，遭到唐弢及其門人的攻擊污蔑。我工作單位的直屬領導——原上影（天馬）廠副廠長、上海電影總公司導演室支部書記葛鑫同志，親自兩次向上海圖書館書目部主任葛正慧同志作了調查研究，請葛正慧以知情人和當事人的身份，寫了兩份證明材料：

第一份、《上圖書目部主任葛正慧同志證明「毛澤東會晤魯迅」不是孤證、更不是「偽造」》

葛正慧寫道：「……在1979年《解放日報》編輯吳芝麟同志曾到上海圖書館來找我，給我看一篇張瓊同志寫的材料（張瓊是原虹口區副區長，黨的老幹部），吳芝麟要我把張瓊寫的材料添列一些旁證史料。張瓊的材料內容大意如下：（從略）……我當時向吳芝麟表示，據《周作人日記》，毛澤東同志確曾于1920年4月7日到八道灣周家訪問過周作人，當然也有可能同時訪見魯迅。作為革命老幹部，張瓊及其愛人完全沒有必要捏造『毛澤東曾會晤魯迅』這一史事。不過張瓊所寫年月可能有誤記罷了。吳芝麟同志後來把張瓊所寫材料取回，在《解放日報》存檔備用。……可見周作人所談之事，並非孤證。 葛正慧1981年11月5日。」（原文附下）

第二份、《葛正慧同志再次證明：張瓊晚年最用心力寫成的遺文：〈毛澤東會見魯迅的史實〉訂正稿》

在張瓊同志逝世6年後的1986年，抨擊沈的謠言更烈，葛鑫同志對「毛魯會見」問題再次向葛正慧同志作了調查詢問。葛正慧寫了他在張瓊生前協助她查核史實的年份等細節，並提供了經張瓊同志親筆簽名審定認可的《毛澤東會見魯迅的史實》訂正稿。（原文附下）

葛鑫同志當時是為了對所屬支部的同志負責、幫助沈鵬年澄清謠言、洗刷污名而特地「外調」了這兩份證明呈報上級組織：電影局黨委的。

1985年11月5日，趙丹生前好友洪始先生在《電影晚報》發表《趙丹與〈魯迅傳〉》；1986年9月25日，孫雄飛在南京政協機關報《愛國報》發表《毛澤東曾關懷電影〈魯迅傳〉》。——唐弢及其門人又藉口誣陷抨擊沈鵬年「造謠」。

上海市委宣傳部文藝處處長劉金同志於1987年2月19日在南京《愛國報》發表《局外人語——關於「毛魯會見」這樁公案》，文中列出具體事實後，嚴正指出「讀者只要把有關『毛魯會見』的全部文章細讀一遍，就不難發現，陳□□同志的指責，倒真是『漏洞百出』。他把主要的事實都搞錯了，確實是大大的冤枉了沈鵬年了。」劉金文章還指出：「發表《毛澤東曾關懷電影〈魯迅傳〉》的孫雄飛同志，是上海電影製片廠電視部文學組長；發表《趙丹與〈魯迅傳〉》的洪始同志，是民主促進會上海市委辦公室主任。」「孫、洪兩位不約而同如是說，怎麼一到陳□□筆下，變成了『又是沈鵬年的一個彌天大謊』呢？孫、

洪兩位的文章，與沈鵬年同志又有什麼關係？……陳□□連一些最起碼的事實也沒有弄清，就匆忙地對沈鵬年進行猛烈的抨擊，將一盆盆污水潑到他的身上，這，至少是不實事求是的，不公正的。」

1988年6月30日，劉金同志針對唐弢門人對沈鵬年的人身攻擊，發表《何前恭而後倨之甚也》，為沈鵬年討回公道。

有本單位的直屬領導葛鑫同志為我洗清污名的兩份「外調」材料；有上影的直屬上級組織──中共上海市委宣傳部文藝處處長劉金同志多次公開發文，以事實為我澄清誣陷、主持公道。

這樁公案的是非，請讀者諸君鑒別吧。

（八）

其二、關於周作人「出任偽教育督辦」與地下黨「北平特委」的關係問題。

我在《行水流水記往》後記中，對此也有說明。上次公佈的是1986年5月15日中華人民共和國國家安全部辦公廳給我關於「周作人事情」的「國安介字第3823號」公函。從上影總公司（局級）導演室支部書記葛鑫的批註中，足以證明此事端倪，絕非沈鵬年「偽造」。現在不妨再公佈一件當年中共地下黨北平特委重要成員、奉命做周作人工作，並隨周作人一起進入偽華北教育總署出任偽督辦周作人秘書的高炎同志的親筆信（部份）如下：

鵬年同志：

　　接到來函及照片（按：照片是國民政府從軍閥手中收復北平後的第一任北平市長、軍事委員會委員長蔣介石駐北平代表、中國大學校長、與中國共產黨公開合作的華北救國會會長、美國燕京大學校長司徒雷登和周作人的好友何其鞏先生的照片。是我覓得後請高炎同志核對的。）隨信寄還像片。看到何（其鞏）的像片，還是原先那樣子。

　　我們在安全部及鍾子雲部長領導下，開了一星期多的會議，大家碰了一下過去地下工作情況。現在材料，正由我整理中。我已將周作人出任偽教署督辦經過，寫了進去，主要是周（作人）出來為了抵制繆斌，是經過我們（即中共北平特委）同意的。這種材料，將存入安全部史冊。……（下略）」

　　我奉命在南京師大內部刊物《文教資料》發表的材料全部真實可靠，這僅僅是我調查材料的一小部份。全部調查材料，早已經原當事人本人審閱簽字，同意由我發表。每份材料均由上影總公司導演室支部蓋有公章和騎縫印。我堅信在黨的實事求是的思想指導下，這許多調查材料遲早定會公諸於眾的。

　　事實上，在三十年前要向國家安全部有關部門的有關成員，瞭解和查詢「周作人的歷史問題」，決不是任何個人異想天開的自由行動。當年我是奉組織之命、帶了相應的組織介紹公函，合法地從事這項學術調查的。

　　因此，當我為此事受到誣陷、污蔑時，派我從事這項學術調查的直屬領導：原上影（天馬）副廠長、上海電影總公司導演室

主任、支部書記葛鑫同志代表組織寫文章公開為我辯誣闢謠。除了列印百份分寄各有關單位外，還在美國紐約出版的中文進步刊物《中外論壇》發表《背負十字架的探索——考查周作人的「落水」之謎的風波》。

《中外論壇》創刊於1991年元旦，社址在美國紐約洛克菲勒文化中心。中國（大陸）總代售：北京中國圖書進出口公司，因此在大陸各大飯店和賓館均能見到該刊。

《背負十字架的探索》作為重要文章刊於《中外論壇》1995年7月總第28期。卷首推薦評語云：「周作人漢奸問題，是中國現代文學史上一大懸案，在大陸屬於『禁區』。八十年代，上海魯迅研究專家沈鵬年，歷時三年，遍訪當年有關人士，考查『周作人落水之謎』，獲得許多第一手資料，在國內外引起注目，沈也因此被綁上十字架。作者葛鑫亦為當事人，此文敘述了風波之經過。」

葛鑫同志針對「陳漱渝先生認為沈鵬年『偽造史料』，……揚言『應當訴諸法律』」的恫嚇，嚴正指出「在這種情況下，我作為沈鵬年工作單位的黨支部書記，過問此事是責無旁貸的。」「沈鵬年被蒙上所謂『偽造周作人史料』的惡名，作為沈所屬黨支部的支部書記，我要鄭重聲明，這不是事實。」——葛鑫同志寫的這篇《關於「周作人史料」的爭議問題》，列印百份寄給《新文學史料》、《中華讀書報》、《文匯讀書週報》等有關學術報刊，都如石沉大海。唯有南京師大的《文教資料》主編趙國璋同志收到此文後，迫於當時「左」的壓力，雖然未能及時刊登，卻認為該文「從一個側面反映了『周作人問題』的爭議起因

和爭論過程」，具有史料價值而保存下來。事隔十四年後，終於在《文教資料》2000年第三期全文披露。可見公道自在人心。

最使我銘感的，葛鑫同志還和上海書店出版社總編輯范泉同志聯繫，研究和商議了「編輯有關『毛魯會見』和『周作人落水問題』論爭文章（正反兩方面）出版一個專集，自費印行」的問題。范泉同志致葛鑫同志的信封及葛鑫同志給我的信：

上海書店出版社總編輯范泉同志給葛鑫的信中寫道：

「……您寫的兩篇……大作……，我在今天上午一口氣拜讀了，還閱看了劉金和俞潤生同志的文章。我們都是中共黨員，遵循黨的批評與自我批評的原則，有必要把這類是非徹底澄清，不使鵬年同志長期蒙受不白之冤，更重要的是，不因誣陷和謾罵而把學術上的是非長期顛倒。作為黨組織的負責人，您對同志負責到底的精神確使我讀來十分感動。……

我認為：是否可以編輯有關『毛魯會見』和『周作人落水』問題的論爭文章（正、反兩方面）出版一個專集，自費印行如何？我估計可以收回成本費用。匆肅，敬頌

近好！　　　　　　　　　　　　　范泉　12月12日」

經過范泉、葛鑫兩位同志的努力，由於「對立方面」的作梗，編印自費出書之議功敗垂成。事雖未成，足見對待此事的「我方」光明磊落；「他方」則怕見天日。否則，這本學術研究的參考材料早就面世了。

（九）

離休以後，我應邀赴美國探親、訪學先後耽了近十年。我和老伴長住紐約曼哈頓中央公園左畔70街的高級住宅區。還應親友邀去華盛頓、費城、波士頓、休斯頓、亞特蘭大、達拉斯、洛杉磯、三藩市、西雅圖、康州南坎特、麻省康考特、緬因州奧古斯塔等十餘城市作客小住；又先後應邀在哈佛大學、美國宗教研究院各住一個多月。參觀了美國作家等名人故居二十多處。歷史、藝術、自然等各種博物館二十多家。在百老匯各劇院和大都會劇場欣賞了各種歌劇、舞劇、話劇五十多場。應中國佛協會長趙樸初之託考察了美國各地的中國式寺廟68座⋯⋯。我們在美國過了一段非常風光、充實、舒適的生活。

我的親家密勒先生早年「援華、抗日」的戰鬥史跡已載入《美國反法西斯戰爭史》冊，而大陸出版的抗戰史冊對「飛虎隊」沒有提及。我女兒以學習成績受到美國總統老布希接見，並贈布希總統親筆簽名的合影照片。

親家一再挽留我留在美國寫「美國飛虎隊志願援華抗日」的反映中美友好歷史的著作，為我提供了康州的別墅供我寫作，搬來大批有關圖冊和當年飛虎隊在中國的錄影帶⋯⋯。親家還把他自己著作的《飛虎在華奇談》給我參考。──但是，我的共產主義信念、眷戀祖國的赤子之心、想為建設中國特色的社會主義貢獻餘熱⋯⋯，「梁園雖好不如故家」，我辭謝了他們的好意毅然回國。

祖國在黨的領導下與時俱進，煥然一新。我們上影廠經過「體制」改革，更上一層樓。新的領導關懷，使我重新煥發新的生命活力。短短三年中，我連續出版三部新著：上海書店出版社出版了《美歐心影》；上海古籍出版社出版了《文以載道——金性堯先生紀念集》（與人合著）；上海三聯書店出版了《行雲流水記往》上、下冊。上影離休總支《年終總結》給我以表揚。夕陽無限好，可惜近黃昏——我在人世已為日無多。我親身經歷、親自調查、掌握的大量文史資料尚有待整理成集，惶惑難以完成，愧對歷史，更感到無限「淒傷」。

　　「魯迅研究」領域唐弢雖歿，他的門徒承其衣鉢，繼續對我造謠污蔑，大肆抨擊。媒體不明真相，誤導輿論——我的駁辯文章依然被「封殺」……。

　　例如：《大眾電影》約上影廠電視部文學組長孫雄飛以田一野筆名寫了關於《魯迅傳》流產的文章，和我不相關。陳鯉庭派人去大鬧《大眾電影》，硬說田一野就是沈鵬年，逼迫《大眾電影》發表違心而不實事求是的《更正》，抹殺我「文革」中保存《魯迅傳》資料等事實……；有人重複「唐亮仁」的讕言對我大肆抨擊誣陷。

　　又如：上海的著名作家陳村（上海作協副主席）從網上購得一冊《魯迅傳創作組訪談記錄》，發表了訊息，與我更不相關。唐弢有關門徒又發表批判文章誣陷是所謂沈鵬年製造的「文壇謠言重新泛起」，捏造許多污言對我人身攻擊。我不屑打「口水仗」，置之不理。友人宋濤、許愛興亦被罵為「屌頭」，他們不得不著文予以駁斥。

令人慨歎的是上海魯迅紀念館一位副館長王□□，他明知「毛魯會見」最早提出者是虹口區副區長張瓊；張瓊關於「毛魯會見」的回憶文章由虹口區人民政府列印存檔；（張瓊說副本之一曾給上海魯迅紀念館。據說他們交給了唐弢，被唐弢否定。）這份檔案材料公開陳列在上海市愛國主義教育基地之一：張瓊紀念室，材料日期是1978年，比沈應張瓊之託寫旁證文章早四年。這些客觀事實副館長先生完全是清楚的。但他隱瞞真相、偷換概念，把張瓊提出的「毛魯會見」寫成《魯迅與毛澤東見過面嗎》，出版專著。把1982年沈鵬年為張瓊作旁證的文章說成《沈鵬年初爆大新聞》，對沈大張撻伐，上綱「是一場學術與偽學術的較量」──自己公然作偽反誣沈鵬年，如此手法，請讀者明察公斷。

　　這位副館長在其專著中還故意把1958年上海文藝出版社出版的拙著《魯迅研究資料編目》寫成「60年代在籌拍《魯迅傳》過程中積累了資料，後來編成《魯迅研究資料編目》一書的。」這種公然說謊的目的，為了證明「沈鵬年『資料不少』、『不太可靠』……」，進行全盤否定。

　　毛澤東在1920年確實到過八道灣魯迅在北京的第一故居。有否見到魯迅？應該向住在八道灣的魯迅家屬查詢，而不應該偏聽在1944年以前從未到過北京的唐弢的妄測。身為紀念館副館長兼研究員的這種作法，至少是失職。

　　──我再提供一份魯迅先生的親侄子、周建人先生的長子、離休幹部周豐二同志的材料。周豐二同志說：

「毛澤東曾來八道灣拜訪大伯父魯迅。」原件經周豐二同志簽名蓋章：

周豐二同志說：「大伯父魯迅賣掉紹興祖居後購置八道灣11號，親自設計安排供全家來北京定居。他在此居住四年多。（我）童年時魯迅大伯父常與我在此屋院內玩，……大伯父稱我『土步君』。在中院的書房曾接待過李大釗、毛澤東、鄧中夏、羅章龍、何孟雄、賀恕等後來成為共產黨的名人。他們都是來拜訪大伯父魯迅的。曾聽大伯父提起：毛澤東還專程來訪大伯父。這在二伯父（周作人）日記有記載。二伯父說當時他在北大經常能見到毛澤東，這次是專程來看大伯父的，他們見了面，談了話。」

周豐二同志還親自為我畫了《八道灣11號魯迅故居平面圖》，並說明了毛澤東等到過的房屋。在《平面圖》和說明下寫了「周豐二回憶1985年12月26日於八道灣11號」、蓋了印章。

——這份材料，足以證明這位副館長所說什麼「一場學術與偽學術較量」云云，完全是虛妄胡言。

這位副館長對「周作人出任偽職」的原委始末毫不知情，居然在專著中公然誣衊為「全部是沈鵬年的偽造」!?

空話無益，還是讓事實來說話：

第一、王定南與沈鵬年相識建交於1983年。有王簽名贈沈照片為證。王定南歡迎沈去山西太原的來信。

我收到王定南來信，立即請示組織。我的直屬領導葛鑫同志在王信上批註：

「王定南主動提出：不少人寫邯鄲起義劇本都不理想。因此希望上影同志能從事這項寫作。……還說『北平特委』地下工作也可以寫。……歡迎你們來。——這是王定南自己提出並邀請沈去太原的。」

第二、王定南說他是「北平特委」書記，希望沈寫「北平特委」，他出題《太平洋風雲中的大劉》大劉是他當年化名。與沈長談中涉及周作人出任偽職問題，這是當時的原始記錄，有王的親筆。

具體細節以後再談。只指出一點：王定南說：「周作人出來，何其鞏起作用。何對此事特別積極，一定要周作人出來反繆斌，（他們）有利害關係。這件事向許建國說了……。」（按：許建國當時是中共中央社會部副部長，是北平特委直屬上級。部長是康生，解放後周作人直接向康生寫過信。）

第三、我記錄的談話稿是經過王定南修改定稿的，有王定南親筆寫「基本符合談話實事」的親筆簽字。事後，王迫於他人的壓力和個人隱衷，推翻了「基本符合談話事實」的審閱意見，這與我當時的原錄無關。說「周作人出任偽教育督辦為了抵制繆斌」與北平地下黨有關，是王定南當時親口說——決不是「沈鵬年當時偽造」。沈鵬年也沒有必要「偽造」。

更為可笑的是，我明明接到中國社會科學院給我「在國際俱樂部舉行魯迅與中外文化學術討論會開幕式」的《請柬》。

經我所屬組織上影導演室支部批准，給予公假赴京。這樣的區區小事，竟在《魯迅研究月刊》和《××讀書報》上說我「所謂參加學術會議是編造謊言、欺騙組織」。還污蔑我「身敗

名裂」在上海耽不下而「去澳大利亞印佛經」糊口……。誣人心切、不擇手段，實在可悲！

在新時代遭遇如此不正常的誣陷——辯誣無門，能不淒傷！

☆　　☆　　☆

總而言之，在二十世紀的六十年代和八十年代，作為上影的「資料組組長」，我奉命從事「魯迅歷史調查」和「周作人歷史調查」，對學術研究作了一些微薄貢獻。在當前的大好形勢下，我很想在生前能夠使這兩份調查記面世，以便請大方家審核指正。

我的長婿顧幼立給我極大的幫助，晝夜為我操勞、潤飾文稿。二婿向子平為我提供舒適的環境和寫作的條件。王玨豔小姐為我悉心打字排版。我的第三代：在德國的顧淩、上海的岱君和伯約，美國的山妙、大衛和尤娜，以及第四代亭萱，都關心我的健康和寫作……。一卷成書、諸天呵護，四代同堂，滿室馨香，使我更為感奮。請容許我借用魯迅先生《引玉集‧後記》的話，為本文作結：

> 「歷史的巨輪，是決不因幫閒們的不滿而停運的；我已經確切的相信：將來的光明，必將證明我們不但是文藝上的遺產的保存者，而且也是開拓者和建設者。」

——謝謝讀者，無量壽佛！

庚寅寒露於吳江太湖之濱百果園

電影〈魯迅傳〉籌拍親歷記

文學視界34　PH0120

電影〈魯迅傳〉籌拍親歷記
——行雲流水記往二記（下）

作　　者/沈鵬年
主　　編/蔡登山
責任編輯/林千惠
圖文排版/王思敏
封面設計/秦禎翊

發 行 人/宋政坤
法律顧問/毛國樑　律師
出版發行/秀威資訊科技股份有限公司
　　　　114台北市內湖區瑞光路76巷65號1樓
　　　　電話：+886-2-2796-3638　傳真：+886-2-2796-1377
　　　　http://www.showwe.com.tw
劃撥帳號/19563868　戶名：秀威資訊科技股份有限公司
　　　　讀者服務信箱：service@showwe.com.tw
展售門市/國家書店（松江門市）
　　　　104台北市中山區松江路209號1樓
　　　　電話：+886-2-2518-0207　傳真：+886-2-2518-0778
網路訂購/秀威網路書店：http://www.bodbooks.com.tw
　　　　國家網路書店：http://www.govbooks.com.tw

2013年9月　BOD一版
定價：350元
版權所有　翻印必究
本書如有缺頁、破損或裝訂錯誤，請寄回更換

國家圖書館出版品預行編目

電影〈魯迅傳〉籌拍親歷記：行雲流水記往二記 / 沈鵬年著.
-- 一版. -- 臺北市：秀威資訊科技, 2013. 09
　　冊；　公分
　　BOD版
　　ISBN 978-986-326-116-2 (上冊；平裝). --
ISBN 978-986-326-117-9 (下冊；平裝)

1. 沈鵬年　2. 作家　3. 回憶錄

782.887　　　　　　　　　　　　　　　　　102009428

讀者回函卡

感謝您購買本書，為提升服務品質，請填妥以下資料，將讀者回函卡直接寄
回或傳真本公司，收到您的寶貴意見後，我們會收藏記錄及檢討，謝謝！
如您需要了解本公司最新出版書目、購書優惠或企劃活動，歡迎您上網查詢
或下載相關資料：http:// www.showwe.com.tw

您購買的書名：_____

出生日期：_____年_____月_____日

學歷：□高中 (含) 以下　　□大專　　□研究所 (含) 以上

職業：□製造業　□金融業　□資訊業　□軍警　□傳播業　□自由業
　　　□服務業　□公務員　□教職　　□學生　□家管　　□其它____

購書地點：□網路書店　□實體書店　□書展　□郵購　□贈閱　□其他

您從何得知本書的消息？

　　□網路書店　□實體書店　□網路搜尋　□電子報　□書訊　□雜誌
　　□傳播媒體　□親友推薦　□網站推薦　□部落格　□其他_____

您對本書的評價：(請填代號　1.非常滿意　2.滿意　3.尚可　4.再改進)
　　封面設計____　版面編排____　內容____　文／譯筆____　價格____

讀完書後您覺得：
　　□很有收穫　□有收穫　□收穫不多　□沒收穫

對我們的建議：_____

_____

_____

_____

11466
台北市內湖區瑞光路 76 巷 65 號 1 樓
秀威資訊科技股份有限公司　　收
BOD 數位出版事業部

....

（請沿線對折寄回，謝謝！）

姓　　名：＿＿＿＿＿＿＿＿　年齡：＿＿＿＿　性別：□女　□男

郵遞區號：□□□□□

地　　址：＿＿＿＿＿＿＿＿＿＿＿＿＿＿＿＿＿＿

聯絡電話：(日) ＿＿＿＿＿＿＿＿＿　(夜) ＿＿＿＿＿＿＿＿＿

E - m a i l：＿＿＿＿＿＿＿＿＿＿＿＿＿＿＿＿＿＿